Anselm Grün

DER WEIN

ANSELM GRÜN

DER WEIN

GESCHENK DES HIMMELS
UND DER ERDE

Vier-Türme-Verlag

4. Auflage 2014

© Vier-Türme GmbH, Verlag, Münsterschwarzach 2012

Lektorat: Marlene Fritsch

Umschlaggestaltung, Layout und Satz: Pia Vogel, vogelsolutions.com, Wiesentheid

Bildnachweis: Alle Fotos © Pia Vogel, vogelsolutions.com, Wiesentheid;

außer: Porträts Anselm Grün (Titel, Seite 7) © Dirk Nitschke, zudem.de, Kitzingen

Druck und Bindung: Benedict Press, Vier-Türme GmbH, Münsterschwarzach

Wir danken herzlich dem Gasthaus zum Benediktiner, Münsterschwarzach, für das Ambiente der Porträtaufnahmen.

www.vier-tuerme-verlag.de

ISBN 978-3-89680-802-8

Inhalt

EIN GESCHENK GOTTES

Seit mehr als sechstausend Jahren fasziniert der Wein nun schon die Menschheit. In allen Religionen und Kulturen gibt es Mythen und Märchen, die den Beginn des Weinbaus thematisieren und zu erklären suchen, oft auch so, dass der Weinbau als Geschenk der Götter an die Menschen dargestellt wird, das ihre Güte beweist. In all diesen Erzählungen wird die erhebende und wohltuende Wirkung des Weins gepriesen und werden zahlreiche Loblieder auf ihn gesungen. Man wusste aber auch zu allen Zeiten um seine schädliche Wirkung, wenn er im Übermaß genossen wird.

Doch das Wissen um den möglichen Missbrauch soll uns nicht den Blick für all die Wohltaten trüben, die er uns schenkt. Wein war immer ein Kulturgut: Nur sesshafte Menschen pflanzten Reben, und der rechte Umgang mit dem Wein war ein Zeichen für ein kultiviertes Volk. Wein hatte aber immer auch eine religiöse Bedeutung: In vielen Riten wurde Wein geweiht oder gesegnet und den Göttern geopfert. Bei kultischen Festmahlen trank man zu Beginn und zum Schluss der Feier Wein, um die Vorstellung zu verdeutlichen, mit der Gottheit gemeinsam zu feiern und zu trinken.

Der Weingenuss war also auch ein Ausdruck der besonderen Verbindung mit Gott: Indem man Wein trinkt, hat man teil an der Güte und Freundlichkeit Gottes, man erfährt die Gemeinschaft mit ihm. Wenn man gemeinsam mit Gott Wein trinkt, darf man darauf vertrauen, dass man vor Unheil beschützt wird und den besonderen Segen Gottes erfährt.

Inzwischen gibt es eine Unmenge von Weinbüchern, die die verschiedenen Anbaugebiete, Weinsorten und ihren Geschmack, ihre Farbe usw. beschreiben. In diesem Buch möchte ich jedoch einige Aspekte der Kultur des Weines und seiner spirituellen Bedeutung aufzeigen, ihn also ganz bewusst aus der christlichen Tradition heraus betrachten. Historiker sagen, dass die Verbreitung des Weinbaus in Europa und auch in Lateinamerika mit der Ausbreitung des Christentums eng zusammenhängt. Das hat seinen Grund nicht nur darin, dass in diesen Gebieten ein steigender Bedarf nach Messwein zu verzeichnen war, der naturrein sein sollte und daher selbst angebaut werden musste. Ein weiterer Grund liegt darin, dass das Christentum zudem die römische und griechische Kultur in das Abendland tradiert hat. Und dazu gehörte auch der Weinbau, der sowohl von den Griechen als auch von den Römern sehr geschätzt wurde. Ein dritter Grund besteht darin, dass die Freude am Wein zur Frohen Botschaft des Christentums gehörte und gleichsam der irdische Widerschein des Evangeliums ist. So haben es zumindest die Kirchenväter gesehen, die das Weinwunder von Kana (Johannes 2,1–12) in dieser Richtung deuteten: Jesus setzt den Wein des Evangeliums dem Wasser des Gesetzes entgegen. Seine Botschaft schmeckt wie Wein, der das Herz der Menschen erfreut. Und er unterstützt die »Hochzeitsfeier«, die Gott in Jesus Christus mit uns Menschen feiert: Gott ist Mensch geworden. Das gibt unserem menschlichen Leben einen neuen Geschmack.

Schon viertausend Jahre vor Christus hat man in Ägypten und im Iran Weinstöcke angepflanzt und die Trauben zu Wein verarbeitet. Dann hat man ihn in henkellose Krüge gegossen und den Gästen in Schalen serviert. Im östlichen Mittelmeerraum entwickelte sich der Wein zum Alltagsgetränk für alle Gesellschaftsschichten. Dort war der Weinbau neben dem Anbau von Getreide und Oliven der wichtigste Landwirtschaftszweig. Wein galt immer als besonderer Segen Gottes, den man nur dankbar genießen darf. Im dankbaren Genießen bekenne ich, dass der Wein eine Gabe Gottes ist und nicht etwas, was ich selbst machen kann. Dieses Gefühl der Dankbarkeit für das Geschenk Gottes durchzieht die ganze Bibel, aber auch die religiösen Schriften der Völker, die in unmittelbarer Nachbarschaft zu den Israeliten wohnen. Unmäßiger Weingenuss galt jedoch als barbarisch. Er zeugt von Menschen, die den Weingenuss aus dem religiösen Zusammenhang herausreißen und nicht angemessen mit der Gabe Gottes umgehen können. Sie haben kein Gespür dafür, dass der Wein ein Kulturgut ist, das auch eine Kultur des Trinkens verlangt. In Maßen genossen, ist er eine besondere Gottesgabe. Und für diese Gabe soll der Mensch in der Art und Weise, wie er den Wein trinkt, seine Dankbarkeit erweisen.

In allen Kulturen hatte der Wein immer auch symbolische Bedeutung. Bei den Griechen galt er wegen seiner roten Farbe als Blut des Dionysos. Dionysos ist der Gott der Ekstase. Man feiert ihn als den Herrn des Todes und zugleich der Erneuerung allen Lebens. Dionysos zeigt, dass Wein etwas Göttliches ist, das den Menschen im Rausch für das Geheimnis Gottes öffnet. Gerade weil er Rausch erzeugt, sah man den Wein als ein Instrument, um esoterisches Wissen zu erlangen. Zugleich galt er den Griechen und anderen Völkern als Unsterblichkeitstrank. Im Islam – vor allem im Sufismus – ist der Wein ein Getränk der göttlichen Liebe und ein Symbol spiritueller Erkenntnis. Im Christentum hatte er im Alten und im Neuen Testament, aber auch in der Geschichte der Kirche ganz unterschiedliche Bedeutung – wie wir in den folgenden Kapiteln sehen werden.

DIE ROLLE DES WEINES IN DER BIBEL

Wie ein Lebenswasser ist der Wein für den Menschen,

wenn er ihn mäßig trinkt. Was ist das für ein Leben, wenn man keinen Wein hat, der doch von Anfang an zur Freude geschaffen wurde? Frohsinn, Wonne und Lust bringt Wein, zur rechten Zeit und genügsam getrunken.

Jesus Sirach 31,27f.

DER WEIN IM ALTEN TESTAMENT

Im Alten Testament lesen wir, dass schon Noah, nachdem er aus der Arche gerettet wurde, Wein angebaut hat. Noah, der Stammvater der neuen Menschheit, gilt somit als der erste Weinbauer: »Noah wurde der erste Ackerbauer und pflanzte einen Weinberg« (Genesis 9,20). Im Alten Testament spricht man vom Wein als dem »Blut der Erde«. Man trank damals vor allem Rotwein. Die rote Farbe erinnerte an das Blut. Neben Brot und Öl gehörte der Wein zu den Hauptnahrungsmittel im alten Israel. Im Alten Testament werden Korn, Wein und Öl oft zusammen genannt, um den Wohlstand des Landes zu beschreiben.

Aber von diesen Gaben hatte der Bauer auch einen Teil dem Priester abzugeben: »Du sollst ihm (dem Priester) den ersten Ertrag von Korn, Wein und Öl und den ersten Ertrag der Schafschur geben« (Deuteronomium 18,4). Wenn Gott den Menschen segnet, dann drückt er diesen Segen auch dadurch aus, dass er ihm genügend Wein schenkt: »Er wird dich lieben, dich segnen und dich zahlreich machen. Er wird die Frucht deines Leibes und deines Ackers segnen, dein Korn, deinen Wein und dein Öl, die Kälber, Lämmer und Zicklein, in dem Land, von dem du weißt: Er hat deinen Vätern geschworen, es dir zu geben« (Deuteronomium 7,13). Umgekehrt dankt auch

der Mensch Gott für seinen Segen, indem er ihm bei seinen täglichen Opfern Wein darbringt. Das Buch Numeri beschreibt genau, wie viel Wein der Priester Gott opfern soll: »Beim Brand- oder Schlachtopfer sollst du auf je ein Lamm ein Viertel Hin Wein als Trankopfer herrichten« (Numeri 15,5). Fromme Juden haben zur Zeit des Alten Testaments also Wein getrunken und den Wein immer als Gabe Gottes und als Zeichen seines Segens gesehen. Es gab jedoch in Israel auch Gruppen, die den Wein ablehnten, etwa die sogenannten Nasiräer oder Rechabiter. Sie wollten mit ihrem Verzicht gegen das unmäßige Trinken protestieren.

Auch in den Psalmen lesen wir vom Wein. Der Psalmist sagt über ihn, dass er das Herz des Menschen erfreut (Psalm 104,15). Er soll beim Genuss des Weines aber immer voller Dankbarkeit an Gott denken. So fordert uns Kohelet, der Weisheitslehrer, auf: »Iss freudig dein Brot und trink vergnügt deinen Wein; denn das, was du tust, hat Gott längst so festgelegt, wie es ihm gefiel« (Kohelet 9,7). Die Freude, die der Wein schenkt, wird aber auch zum Bild für die Freude, die Gott dem Menschen ins Herz geben soll: »Du legst mir größere Freude ins Herz als andere haben bei Korn und Wein in Fülle« (Psalm 4,8).

Wein in Fülle zu haben, kennzeichnet in der alttestamentlichen Vorstellung auch die Endzeit, in der Gott das Heil für alle Völker bereitet. So heißt es beim Propheten Jesaja: »Der Herr der Heere wird auf diesem Berg für alle Völker ein Festmahl geben mit den feinsten Speisen, ein Gelage mit erlesenen Weinen, mit den besten und feinsten Speisen, mit besten, erlesenen Weinen« (Jesaja 25,6).

Zugleich wird im Buch der Sprichwörter vor maßlosem Weingenuss gewarnt: »Schau nicht nach dem Wein, wie er rötlich schimmert, wie er funkelt im Becher; er trinkt sich so leicht! Zuletzt beißt er wie eine Schlange, verspritzt Gift gleich einer Viper. Deine Augen sehen seltsame Dinge, dein Herz redet wirres Zeug« (Sprüche 23,31–33). Und selbst der Prophet Jesaja, der so viel Gutes vom Wein und Weinberg schreibt, warnt: »Weh denen, die Helden sind, wenn es gilt, Wein zu trinken, und tapfer, wenn es gilt, starke Getränke zu brauen« (Jesaja 5,22).

Der Weisheitslehrer Jesus Sirach lobt die positiven Seiten des Weins: »Wie ein Lebenswasser ist der Wein für den Menschen, wenn er ihn mäßig trinkt. Was ist das für ein Leben, wenn man keinen Wein hat, der doch von Anfang an zur Freude geschaffen wurde? Frohsinn, Wonne und Lust bringt Wein, zur rechten Zeit und genügsam getrunken« (Jesus Sirach 31,27f.). Die Frommen im Alten Testament schätzten also den Wein als Gabe Gottes. Mit ihr schenkt Gott dem Menschen Freude und Wonne. Der Wein ist Ausdruck dafür, dass Gott die Welt als gut erschaffen hat und es auch gut mit dem Menschen meint.

Allerdings weiß das Alte Testament immer auch um die Gefahr übermäßigen Weingenusses: »Kopfweh, Hohn und Schimpf bringt Wein, getrunken in Erregung und Zorn. Zu viel Wein ist eine Falle für den Toren, er schwächt die Kraft und schlägt viele Wunden. Beim Weingelage nörgle nicht am Nachbarn herum, verspotte ihn nicht, wenn er heiter ist« (Jesus Sirach 31,29–31). Hier werden wichtige Kriterien für den richtigen Weingenuss aufgestellt: Wer Wein so trinken will, wie es seinem Wesen entspricht, der sollte Gott immer dafür dankbar sein. Er soll ihn also im Gedenken an Gottes Güte und Fürsorge trinken. Dazu braucht er das richtige Maß.

Nur wer den Wein genießen kann, hat das rechte Maß. Wer maßlos trinkt, der schüttet ihn unbewusst in sich hinein. Das tut dem Menschen nicht gut. Das Weintrinken braucht also eine Kultur. Daher sollte man Wein nie trinken, wenn man erregt oder zornig ist. Wer Wein trinkt, um seine schlechte Laune zu vertreiben, wird maßlos. Er berauscht sich, um seinem Ärger zu entfliehen. Wein will die Stimmung heben. Im Zorn getrunken, wirkt er sich destruktiv auf den Menschen aus.

Um den Wein zu genießen, braucht es daher Weisheit. Der Tor vermag es nicht, denn er benutzt ihn als Droge, um seine Torheit zu überdecken. Doch damit schwächt er sich noch mehr. Wein zu trinken verlangt auch einen guten Blick auf die anderen Menschen, denn wer andere verurteilt, weil sie durch den Weingenuss heiter geworden sind, der hat die Gabe Gottes nicht verstanden.

Gerade dieser Aspekt wird in der Geschichte von Noah deutlich: »Noah wurde der erste Ackerbauer und pflanzte einen Weinberg. Er trank von dem Wein, wurde davon betrunken und lag entblößt in seinem Zelt« (Genesis 9,20f.). Doch nicht Noah wurde deswegen von Gott getadelt, sondern sein Sohn Ham, der den Vater so liegen sah und es seinen Brüdern erzählte, offensichtlich, um sich über den Vater lustig zu machen. Die beiden anderen Brüder Hams gehen mit dem Rausch ihres Vaters angemessen um: Sie bedecken seine Blöße. Als Noah aus seinem Rausch erwacht, verflucht er Ham beziehungsweise dessen ganze Sippe Kanaan: »Verflucht sei Kanaan. Der niedrigste Knecht sei er seinen Brüdern« (Genesis 9,25). Der französische Dominikaner Maurice Lelong, der ein Buch über das Lob des Weines geschrieben hat, bemerkt zu dieser Szene: »Die Heilige Schrift verfährt außerordentlich streng mit Ham, der sich auf eine so hässliche Weise über seinen Vater lustig gemacht hatte, als jener sich unversehens vom Wein überwältigen ließ; sie hat aber nicht ein einziges vorwurfsvolles oder bitteres Wort für Noah übrig« (Lelong 13). Der übertriebene Weingenuss wird also nicht verurteilt, denn Noah hat eine Erfahrung mit dem Wein gemacht und daraus für sich selbst gelernt.

Auch im Hohelied lässt sich der Wein finden. Hier wird er als Zeichen der Liebe gepriesen. Da heißt es schon zu Beginn: »Süßer als Wein ist deine Liebe« (Hoheslied 1,2). Die Braut sagt von ihrem Bräutigam: »In das Weinhaus hat er mich geführt. Sein Zeichen über mir heißt Liebe« (Hoheslied 2,4). Weintrinken ist identisch mit der Erfahrung von Liebe, und umgekehrt wird auch die Liebe immer wieder mit dem Wein verglichen. Der Bräutigam fordert seine Freunde auf: »Freunde, esst und trinkt, berauscht euch an der Liebe« (Hoheslied 5,1).

Etwas später im Text beschreibt er die Schönheit und erotische Ausstrahlung seiner Braut mit Bildern vom Wein und aus dem Weinbau: »Dein Schoß ist ein rundes Becken, Würzwein mangle ihm nicht« (Hoheslied 7,3); »Trauben am Weinstock seien mir deine Brüste, Apfelduft sei der Duft deines Atems, dein Mund köstlicher Wein, der glatt in mich eingeht, der Lippen und Zähne mir netzt« (Hoheslied 7,9f.). Freund und Freundin wollen ihre Liebe im Weinberg genießen. Das ist der angemessene Ort, da alles um sie herum von Liebe spricht.

Das Alte Testament hat nicht nur den Wein als Geschenk Gottes gepriesen. Es hat auch den Weinstock, den Weinberg und die Traube immer als Symbol gesehen. Der Weinstock gilt als Sinnbild für das Volk Israel. Gott selbst trägt für das Volk Sorge, so wie der Mensch den Weinstock hegt und pflegt. Manchmal wurde der Weinstock auch zum Symbol für den Messias. Der Weinberg, der umfriedet und behütet ist, ist ein Bild für das Volk Israel. Gott schützt es wie einen Weinberg. Er handelt an ihm wie ein Weinbergsbesitzer: »Er grub ihn um und entfernte die Steine und bepflanzte ihn mit den edelsten Reben. Er baute mitten darin einen Turm und hieb eine Kelter darin aus. Dann hoffte er, dass der Weinberg süße Trauben brächte, doch er brachte nur saure Beeren« (Jesaja 5,2). Gott sorgt für sein Volk Israel. Aber das

bringt nicht die Früchte, die er von ihm erwartet hatte. Gott vertraut auf menschlicher Seite seinen Weinberg den Priestern und Propheten an. Aber das Volk geht oft schlecht mit ihnen um. Manchmal ist Gott selbst auch als der Besitzer gedacht, der mit seinem Wort und seiner Weisung den Weinberg bearbeitet. Aber das Volk widersetzt sich dem Wirken Gottes. So klagt er das Volk an: »Was konnte ich noch für meinen Weinberg tun, das ich nicht für ihn tat? Warum hoffte ich denn auf süße Trauben? Warum brachte er nur saure Beeren?« (Jesaja 5,4). Der Grund, dass der Weinberg nur saure Beeren brachte, war der Rechtsbruch durch das Volk Israel. Es hat sich nicht an die Weisung des Herrn gehalten. Daher kündigt er an, seinen Weinberg zum Ödland zu machen: »Dornen und Disteln werden dort wuchern« (Jesaja 5,6).

Große fruchtbare Reben werden zum Bild der Fruchtbarkeit und des Segens, den Gott dem Volk verheißt. So zum Beispiel im Buch Numeri, nachdem Mose das Volk aus Ägypten herausgeführt hat. Es hat oft genug gemurrt, dass es jetzt in der Wüste ist, wo es nicht den Wein hat, den man in Ägypten trank (vgl. Numeri 20,5). Nun sind die Israeliten an der Grenze zum Gelobten Land angekommen. Mose schickt Kundschafter in das Land. Diese kommen schließlich in das Traubental: »Dort schnitten sie eine Rebe mit einer Weintraube ab und trugen sie zu zweit auf einer Stange« (Numeri 13,23). Die Kundschafter zeigen dem Volk die großen Trauben. Sie sind hier ein Symbol für die Fruchtbarkeit des Landes. Zugleich stehen sie für die Verheißung, die Gott dem Volk gegeben hat: Er wird für sein Volk sorgen. Er wird ihm ein Land geben, das reiche Frucht trägt. Die frühen Christen haben gerne diese Szene dargestellt, in der die Kundschafter die großen Trauben bringen. Für sie sind diese Trauben ein Bild für die Verheißung des ewigen Lebens. Daher findet man diese Symbole auch oft auf Sarkophagen. Auch heute noch gilt diese christliche Verheißung: Das Gelobte Land ist das Land, in das wir durch das Tor des Todes einziehen.

ER WIRD FÜR SEIN VOLK SORGEN

DER WEIN IM NEUEN TESTAMENT

Die Symbolik des Weines hat vor allem das Johannesevangelium beschrieben. Zu Beginn des Wirkens Jesu erzählt uns Johannes das Wunder der Verwandlung von Wasser in Wein bei der Hochzeit in Kana. Dieses Wunder hat sicher symbolische Bedeutung. Für Johannes selbst ist es ein Zeichen, dass Jesus seine göttliche Herrlichkeit offenbart. Schon der jüdische Philosoph Philo nennt einen Weisheitslehrer einen »Weinspender«. Wein wird mit Weisheit verbunden. Jesus verkündet uns also die Weisheit Gottes, die besser schmeckt als das Wasser menschlicher Gesetzgebung. Die Kirchenväter haben diese Symbolik vertieft. Sie meinen, Jesus habe dem Wasser des jüdischen Gesetzes den Wein des Evangeliums gegenübergestellt.

Die frühe Kirche hat diesem Weinwunder noch eine andere Bedeutung gegeben. Sie hat dieses Evangelium am Fest der Epiphanie (»Erscheinung des Herrn«, wird heute am 6. Januar begangen) gefeiert und auf diese Weise die Verbindung des Wunders mit dem Dionysos-Kult gesehen: Dionysos galt als Gott des Weines, des Rausches und der Liebe, die uns verzaubert. Am Vorabend des Dionysosfestes stellte man drei leere Krüge im Heiligtum des Dionysos auf. Am Morgen fand man dann die drei Krüge mit Wein gefüllt. Jesus – so will die frühe Kirche mit ihrer Deutung des Festes sagen – braucht nicht den Rausch. Er ist der, der uns die Liebe Gottes verkündet und in dem die Liebe Gottes erfahrbar wird. Er spendet diesen Wein in Fülle bei einem Hochzeitsfest. Johannes macht damit deutlich: Gott feiert in Jesus Hochzeit zwischen sich und dem Menschen. In Jesus wird Gott selbst Mensch, er vereinigt sich mit unserem menschlichen Fleisch. Auf diese Weise wird unser Leben verwandelt. Es bekommt einen neuen Geschmack: nicht mehr den faden Geschmack von Reinigungsbräuchen, für die man das Wasser verwendete, sondern den belebenden und herzerfreuenden Geschmack des Weines. Der Wein wird hier zum Bild für das Evangelium, das Jesus verkündet. Es soll uns wie süßer Wein munden. Und der Wein wird zum Bild der Liebe Gottes, die in Jesus sichtbar wird und mit der wir in der Eucharistie eins werden.

Die Christen haben nicht nur mit dem Fest der Epiphanie Bezug auf den Dionysoskult genommen. Sie haben auch die Symbolik, die sich in Darstellungen des Dionysos finden, auf Christus übertragen: das Bild des »Guten Hirten« zum Beispiel. Er wird oft mit Weintrauben umrankt abgebildet, so wie Dionysios auch. Das Bild des »Keltertreters«, das die Passion Jesu anzeigt, geht ebenfalls auf den Dionysoskult zurück. Heinz-Gert Woschek, ein deutscher Weinspezialist, meint dazu, dass »die frühen dionysischen Bilder in den christlichen Kultstätten bedeuten, dass man auch hier die Kontinuität zu erhalten suchte: um die Heiden auf den christlichen Weg zu führen, wobei die alten Sinnbilder und entleerten Formen mit neuem Inhalt erfüllt wurden« (Woschek 76).

Die Kirche hat dieses Verständnis des Weines weitergeführt, indem sie am Fest Johannes des Evangelisten Wein gesegnet hat. Dieser in der Eucharistiefeier gesegnete Wein wurde dann beim Mittagessen getrunken. Beim Anstoßen sagte man: »Trinke die Liebe des heiligen Johannes!« Der Evangelist Johannes gilt als der Evangelist der Liebe. In keinem Evangelium wird so viel von der Liebe Jesu gesprochen, mit der er uns bis zur Vollendung geliebt hat. Das Kreuz ist für Johannes der Gipfel dieser vollendeten Liebe. Am Kreuz wird Gottes Herrlichkeit in der Liebe Jesu für alle Menschen sichtbar. Es ist die Liebe eines Freundes zu seinen Freunden: »Es gibt keine größere Liebe, als wenn einer sein Leben für seine Freunde hingibt« (Johannes 15,13).

An einer Stelle im Johannesevangelium spricht Jesus ausführlich vom Wein. Man nennt sie deshalb auch die »Weinstockrede«. Jesus sagt: »Ich bin der wahre Weinstock, und mein Vater ist der Winzer. Jede Rebe an mir, die keine Frucht bringt, schneidet er ab, und jede Rebe, die Frucht bringt, reinigt er, damit sie mehr Frucht bringt« (Johannes 15,1f.). Jesus bzw. der Evangelist hatte also genau den Weinstock mit seinen Reben und die Arbeit der Winzer beobachtet. Die Arbeit des Winzers wird hier zum Bild für Gottes Wirken an uns Menschen. Gott strengt sich an, damit wir Frucht bringen. Er vollbringt die Arbeit des Winzers, die hier vor allem darin besteht, uns zu reinigen und überflüssige Reben abzuschneiden. Alles, was mit dem Weinstock und der Rebe zu tun hat, ist für Jesus zum Bild geworden für unsere Beziehung zu ihm. Wir sind mit Jesus verbunden wie die Rebe mit dem Weinstock. Das ist die Bedingung dafür, dass unser Leben gelingt und dass es Frucht bringt: »Ich bin der Weinstock, ihr seid die Reben. Wer in mir bleibt und in wem ich bleibe, der bringt reiche Frucht; denn getrennt von mir könnt ihr nichts vollbringen« (Johannes 15,5).

Jesus ist unsere eigentliche Mitte, unser wahres Selbst. Und nur wenn wir mit diesem innersten Kern in uns in Verbindung sind, bringt das, was wir tun, Segen.

Auf heute übertragen könnte das heißen: Es gibt Menschen, die viel arbeiten, aber ihre Arbeit bringt keine Frucht. Sie handeln nicht aus ihrer inneren Mitte heraus. Sie sind abgeschnitten von ihrem wahren Kern, von ihrem Selbst. Daher bringt das Viele, das sie tun, keinen Segen.

Auch die drei anderen (sogenannten synoptischen) Evangelien erzählen uns, dass Jesus Wein getrunken hat und wichtige Aussagen zum Wein gemacht hat. Sie überliefern uns zudem Gleichnisse Jesu, die vom Weinstock und Weinberg handeln.

Bei Johannes jedoch ist der Weinstock ein Bild für Jesus selbst. Gott hat in ihm den wahren Weinstock gepflanzt. Bei den Synoptikern wird der Weinberg dagegen zum Bild für das Volk Israel.

Das Gleichnis von den Arbeitern im Weinberg, das uns Matthäus berichtet, legt seinen Akzent weniger auf den Weinberg als auf den Gutsbesitzer. Der Gutsbesitzer sucht – wie es damals üblich war – schon am Morgen Arbeiter für seinen Weinberg (Matthäus, 20,1). Aber auch zur dritten, sechsten, neunten, sogar noch zur elften Stunde – eine Stunde vor Arbeitsschluss – sucht er nach Arbeitern. Als Lohn hat er jeweils einen Denar mit den Arbeitern vereinbart. Und den zahlt er allen, ganz gleich, wie lange sie gearbeitet haben.

Dagegen murren die Arbeiter, die bereits seit der ersten Stunde im Weinberg schuften. Doch das Verhalten des Besitzers wird hier zum Bild für Gottes Großzügigkeit und für das Geheimnis seiner Gnade. Wir alle sind gerufen, als Christen im Weinberg Gottes zu arbeiten, die Frohe Botschaft zu verkünden. Wann die Berufung an uns ergeht, das liegt nicht an uns. Und es kommt nicht darauf an, wie lange wir arbeiten, sondern dass wir unserem Ruf folgen, ganz gleich, wann wir ihn hören. Gott ruft uns, wenn er es will.

Die Arbeit im Weinberg ist jedoch auch ein Bild für unser Leben, für die innere Arbeit, die wir an unserer Seele zu leisten haben. Jeder hat die Chance, an sich zu arbeiten. Doch viele stehen in ihrem Leben sozusagen nur untätig herum und leben in den Tag hinein. Manchmal sehen wir Christen nur die Mühe, die unser Leben mit sich bringt. Wir vergleichen uns mit denen, die herumstehen, und meinen, sie hätten es besser. Doch in Wirklichkeit erfüllt uns ja die Arbeit im Weinberg, auch wenn sie Mühe kostet.

34

In allen drei Evangelien erzählt uns Jesus das Gleichnis von den bösen Winzern. Dieses Gleichnis zeigt, dass Jesus genau beobachtet hat, was an Arbeit im Weinberg anfällt. In diesem Gleichnis bezieht sich Jesus auf das sogenannte Weinbergslied beim Propheten Jesaja (Jesaja 5,1–7). Dort ist der Weinberg ein Bild für das Volk Israel. Gott selbst ist der Weinbergsbesitzer, der für Israel sorgt wie für seinen Weinberg. Doch Israel bringt keine Früchte. Jesus verändert in seinem Gleichnis diese Symbolik: Ihm geht es weniger um den Weinberg Israel als vielmehr um die Pächter.

Damit meint er die Schriftgelehrten und Pharisäer, die für das Volk Israel das Gesetz des Mose auslegen. Doch sie sorgen nicht wirklich für den Weinberg und behandeln die Boten, die Gott schickt – das sind seine Propheten – schlecht. Schließlich schickt der Weinbergsbesitzer – ein Bild für Gott – seinen eigenen Sohn. Nicht einmal vor ihm haben die Pächter Achtung. Sie töten ihn und werfen ihn aus dem Weinberg hinaus.

Die Zuhörer Jesu merken, dass er hier von sich selbst spricht. Jesus verheißt ihnen, dass Gott das Schicksal seines Sohnes wenden wird. Das Gleichnis wechselt nun vom Bild des Weinbergs zum Bild eines Bauwerks: Jesus vergleicht sich mit dem Stein, den die Bauleute verworfen haben. Aber Gott wird ihn zum Eckstein für sein neues Volk machen (vergleiche Markus 12,1–12). Gott wird auf Jesus und seine Botschaft das neue Volk aufbauen, den neuen Weinberg anlegen, der Frucht bringen wird. So wird der Weinberg zu einem Bild für die Kirche, die sich auf Jesus Christus gegründet weiß.

Noch ein anderes
Gleichnis Jesu erzählt
vom Weinberg: In einem
Weinberg steht ein Feigenbaum. Dass in den Weinbergen auch Obstbäume standen,
war zur Zeit Jesu durchaus
Usus. Auch für sie hatte der
Weingärtner zu sorgen. Im
Gleichnis kommt nun der
Besitzer des Weinberges und
sieht nach, ob der Feigenbaum Früchte trägt. »Da sagte
er zu seinem Weingärtner:
Jetzt komme ich schon drei
Jahre und sehe nach, ob dieser
Feigenbaum Früchte trägt,
und finde nichts. Hau ihn
um! Was soll er weiter dem
Boden seine Kraft nehmen?«
(Lukas 13,7). Genauso wie
der Weinberg Früchte bringen
soll, erwartet der Besitzer es
auch vom Feigenbaum.

Die genannten drei Jahre könnten ein Bild sein für das dreijährige Wirken Jesu. Jesus selbst ist der Weingärtner, der das Volk Israel mit seiner Lehre und seiner Zuwendung zu den Menschen fruchtbar machen möchte. Doch bisher ist sein Tun vergebens.

Das Gleichnis schließt aber nicht mit einer Drohung, sondern mit einer Mahnung voller Hoffnung: »Der Weingärtner erwiderte: Herr, lass ihn dieses Jahr noch stehen; ich will den Boden um ihn herum aufgraben und düngen. Vielleicht trägt er doch noch Früchte; wenn nicht, dann lass ihn umhauen« (Lukas 13,8f.). Jesus versteht sein eigenes Wirken also als Aufgraben und Düngen. Mit seiner Botschaft öffnet er die menschlichen Herzen, gräbt sie gleichsam auf und düngt sie mit seiner Liebe und mit Worten der Zuversicht.

Jesus versteht auch das Wirken seiner Jünger in dieser Weise: Die Seelsorger und Seelsorgerinnen sollen sich voller Hoffnung und Vertrauen den Menschen widmen und für sie sorgen, indem sie den Boden um sie herum aufgraben und düngen. Ihre Arbeit wird mit der eines Weingärtners verglichen.

Aber dieses Aufgraben und Düngen gilt auch für uns selbst. Wir selbst sollen uns bemühen, das Herz für die Botschaft Jesu zu öffnen und den »Dünger« seiner Worte in uns eindringen zu lassen, damit unser Leben Frucht bringt.

Die Evangelien erzählen uns, dass Jesus mit den Zöllnern aß und trank. Lukas berichtet uns vom Mahl mit dem Zöllner Levi. Bei diesem Mahl hat Jesus sicher auch Wein getrunken. Er hat das Leben mit diesen Menschen geteilt. Ein Mahl miteinander zu halten, war damals die intensivste Erfahrung von Gemeinschaft, die man machen konnte. Beim Mahl vermittle ich, dass ich nichts gegen den anderen habe, sondern mit ihm eins werden möchte. Jesus hält bei diesen Gelegenheiten den Zöllnern und Sündern keine Moralpredigt. Er möchte einfach hinhören, mit ihnen Gemeinschaft erfahren, ihnen im Mahl die Menschenfreundlichkeit Gottes vermitteln. Das war für die damaligen Frommen, vor allem für die Pharisäer und Schriftgelehrten, neu und ungewohnt. Sie trauten sich nicht, Jesus selbst zur Rede zu stellen, sondern sagten zu seinen Jüngern: »Wie könnt ihr zusammen mit Zöllnern und Sündern essen und trinken?« (Lk 5,30) Jesus antwortete auf diesen Vorwurf: »Nicht die Gesunden brauchen den Arzt, sondern die Kranken. Ich bin gekommen, die Sünder zur Umkehr zu rufen, nicht die Gerechten« (Lukas 5,31).

Die Pharisäer werfen Jesus laut dem Lukasevangelium weiter vor, dass die Jünger des Johannes fasten und viel beten, »deine Jünger aber essen und trinken« (Lukas 5,33). Damit ist sicher auch das Weintrinken gemeint. Jesus antwortet: »Könnt ihr denn die Hochzeitsgäste fasten lassen, solange der Bräutigam bei ihnen ist?« (Lukas 5,34). Jesus versteht sein Wirken also wie eine Hochzeit. Er hält Hochzeit mit den Menschen, denn in ihm kommt Gott selbst zu den Menschen und will mit ihnen eins werden. Die Nähe Gottes ist wie eine Hochzeit, die gefeiert werden will. Es ist die Nähe der Liebe, die den Menschen verzaubert. In einer solchen Situation kann man nicht fasten, sondern man muss diese liebende Nähe Gottes auch ausdrücken, indem man isst und Wein trinkt. Um diese neue Situation zu erklären, die durch das Kommen Jesu zu den Menschen und durch das Einswerden mit ihnen im gemeinsamen Mahl entstanden ist, greift Jesus zu einem Bildwort: »Niemand füllt neuen Wein in alte Schläuche. Denn der neue Wein zerreißt die Schläuche; er läuft aus, und die Schläuche sind unbrauchbar. Neuen Wein muss man in neue Schläuche füllen. Und niemand, der alten Wein getrunken hat, will neuen; denn er sagt: Der alte Wein ist besser« (Lukas 5,37–39). Damit meint Jesus also die eigene Lehre. Sie ist wie »neuer Wein«. Jesus spricht ganz anders von Gott als die Schriftgelehrten und Pharisäer. Er hält keine Moralpredigt. Er verlangt nicht, dass die Menschen alles anders machen, sondern wendet sich ihnen zunächst einmal zu. Er spricht ihnen die Liebe Gottes zu, seine Fürsorge, seine Gnade, die auch ihnen gilt. Für die Jünger ist das eine neue Erfahrung und ein neues Erlebnis. Jesus spricht von Hochzeit, vom Einswerden Gottes mit den Menschen, von der Vergebung der Sünden. Er heilt die Kranken. Jesus reformiert also nicht einfach das Alte. Er bringt eben »neuen Wein«.

Von ihm geht etwas aus, was wie Wein wirkt: belebend, erfreuend, verzaubernd. Von Jesus geht ein guter Geschmack aus, nicht der bittere Geschmack, den manchmal eine Moralpredigt in unserem Mund zurücklässt. Der »Wein« seiner Lehre muss daher auch in neue Schläuche gegossen werden.

Doch die Faszination des Neuen ergreift nicht alle Menschen. Vielmehr gibt es im Volk auch Widerstand. Dieser Widerstand wird durch die alte Weinregel erklärt: Wer alten Wein getrunken hat, der will keinen neuen. Er hat sich vielleicht ein Leben lang an den alten Wein gewöhnt. Und manchmal schmeckt der alte Wein ja auch tatsächlich besser. Doch die Zukunft gehört dem neuen Wein.

VON JESUS GEHT EIN GUTER GESCHMACK AUS

Johannes der Täufer war Asket.

Er trank wie die Nasiräer keinen Wein. Jesus dagegen trinkt Wein, sehr gern sogar. Er lässt sich auch von Zöllnern einladen und isst mit ihnen, die doch damals als Sünder galten. Kein Evangelist erzählt uns von so vielen Mahlzeiten Jesu wie Lukas. Er antwortet damit sicherlich auch auf die Vorliebe der griechischen Philosophen, die ihre wichtigsten Lehren beim Mahl verkündeten. Aber Lukas antwortet auch auf die Sehnsucht der Juden nach dem Mahl, das Gott mit den Menschen hält, wenn er sein Volk aus der Gefangenschaft befreit, wenn Gott sein Volk mit seinen Gütern beschenkt. Jesus hält sogar Mahl mit Frauen – mit Marta und Maria (Lukas 10,38–42), was in der damaligen Zeit alles andere als selbstverständlich war. Er lässt sich auch von einem Pharisäer zum Mahl einladen (Lukas 7,36–50 und 11,37). Jesus hat keine Berührungsängste und möchte sogar seinen Gegnern, den Pharisäern, Gottes liebende Nähe zeigen.

Bei Zachäus, dem reichen Oberzöllner, der von den Frommen als Sünder verurteilt wurde, lädt Jesus sich sogar selbst ein: »Zachäus, komm schnell herunter! Denn ich muss heute in deinem Haus zu Gast sein« (Lukas 19,5). Diese Erfahrung, dass da ein frommer Rabbi sich bei ihm einlädt und keine Vorurteile ihm gegenüber hat, verwandelt den Mann völlig, der bisher das Geld gebraucht hat, um seine eigene Minderwertigkeit zu kompensieren – er war klein von Gestalt, wie Lukas berichtet. Jetzt kann er die Hälfte seines Vermögens den Armen geben. Jesus lädt sich ganz einfach als Gast bei ihm ein, um den Zöllnern und Sündern näherzukommen, um ihr Leben zu verstehen, um sein Leben mit ihnen teilen. Indem er ohne Vorurteile und ohne Vorbehalte mit den Menschen eins wird, mit denen er isst und trinkt, verwandelt er sie, ohne dass er ihre Veränderung verlangt hätte. Allein das gemeinsame Essen und Trinken verwandelt die Menschen, weil es sie mit der Freude Gottes erfüllt und ihnen nicht die Strenge des Gesetzes androht.

Dieses neue Verhalten Jesu hat auch Johannes den Täufer beunruhigt.

Er schickte Boten zu Jesus, um ihn zu fragen: »Bist du der, der kommen soll, oder müssen wir auf einen anderen warten?« (Lukas 7,19). Jesus verweist auf die Wunder, die durch ihn geschehen. Doch dann wendet er sich an die Menschen und beklagt sich, dass sie weder auf Johannes den Täufer noch auf ihn hören. Über Johannes, den Asketen, sagen sie, er sei vom Dämon besessen. Und von Jesus, der mit den Menschen isst und trinkt, sagen sie: »Dieser Fresser und Säufer, dieser Freund der Zöllner und Sünder!« (Lukas 7,34). Doch Jesus rechtfertigt sein Verhalten mit den Worten: »Und doch hat die Weisheit durch alle ihre Kinder recht bekommen« (Lukas 7,35). Durch Jesus werden die Menschen gesund. Sie bekommen neue Freude am Leben. Das gibt seinem Verhalten recht.

Die wichtigste Bedeutung, die der Wein im Leben Jesu und dann für die Christen aller Zeiten erhält, wird beim letzten Abendmahl sichtbar. Im Lukasevangelium ist dieses letzte Abendmahl Jesu mit seinen Jüngern wie ein »Festmahl mit Tischgesprächen« (Grundmann 391) beschrieben. Die antike Literatur kennt solche festlichen Abschiedsmahle, bei denen man nochmals all das, was einem wichtig ist, den Mitfeiernden sagt. So fasst Jesus bei diesem letzten Abendmahl – so wie Lukas es beschreibt – seine wichtigsten Lehren nochmals zusammen. Er spricht vom Dienst der Jünger, aber auch von der Fürsorge Gottes für sie, wenn sie in alle Welt ausziehen, um seine Frohe Botschaft zu verkünden. Und er spricht vom

Lohn, den Gott ihnen schenken wird: »Ihr sollt in meinem Reich mit mir an meinem Tisch essen und trinken, und ihr sollt auf Thronen sitzen und die zwölf Stämme Israels richten« (Lukas 22,30). Bevor Jesus das Abendmahl einsetzt, das die Christen in der Eucharistie fortsetzen, fasst er in einem Ritual nochmals seine Lehre zusammen: Er reicht den Jüngern zum Abschied den Kelch mit Wein, den er gesegnet hat. Damit möchte er zum Ausdruck bringen, dass seine Lehre Liebe ist. Und diese Liebe, die von Gottes Segen erfüllt ist, sollen sie trinken auf ihrem Weg: »Nehmt den Wein und verteilt ihn untereinander! Denn ich sage euch: von nun an werde ich nicht mehr von der Frucht des Weinstocks trinken, bis das Reich Gottes kommt« (Lukas 22,17f.).

Jesus selbst verzichtet auf das Trinken des Weins, bis das Reich Gottes für immer gekommen ist. Aber er lädt seine Jünger ein, den gesegneten Wein zu trinken. Der Segenskelch stärkt die Jünger auf ihrem Weg. Er ist – so sagt der katholische Exeget Schürmann – »das Abschiedsgeschenk Jesu, seine letzte Segensgabe an die Seinen vor dem nahenden Tod, ein letzter Liebeserweis« (Grundmann 394). Der gesegnete Wein wird also für die Jünger zum Segen: Immer, wenn sie Wein trinken, sollen sie sich daran erinnern, dass dieser Wein von Jesus gesegnet worden ist und dass er auf das Reich Gottes verweist, das kommen wird. Das Reich Gottes wird von Je-sus auch als Mahl gesehen, bei dem er von Neuem mit den Seinen Wein trinken wird, um die Liebe Gottes für immer zu erleben. Der Wein, den wir trinken, ist von Jesus gesegnet, damit wir uns nicht dem Rausch hingeben, sondern im Weintrinken die Sehnsucht nach der Vollendung erfahren. Von dieser Sehnsucht spricht Jesus: »Ich habe mich mit großer Sehnsucht danach gesehnt, dieses Paschamahl mit euch zu essen« (Lukas 22,15). Im Weintrinken sollen wir in Berührung kommen mit unserer Sehnsucht nach der Vollendung. Der Wein stärkt uns auf unserem Weg und er lässt uns zugleich das Ziel unseres Weges erahnen: die ewige Herrlichkeit, das himmlische Mahl mit Jesus im Rei-che Gottes. Indem wir Wein trinken, spüren wir schon etwas von der Vollendung. Die belebende und erfreuende Wirkung des Weines verweist auf die ewige Freude, die uns im Himmel erwartet.

Im Judentum kannte man nicht nur den sogenannten Abschiedsbecher, sondern auch den Trostbecher: Bei Beerdigungen beispielsweise reichte man einen Kelch mit Wein herum, um die

Trauernden zu trösten. Der Segensbecher, den Jesus seinen Jüngern reicht, beinhaltet beide Momente: Er ist ein Abschiedsbecher, aber auch ein Trostbecher, der die Jünger über den bevorstehenden Abschied und auf ihrem Weg tröstet, wenn sie die Nähe Jesu nicht spüren.

Nach dem Trinken aus dem Segensbecher, das unserem Weintrinken – allein oder mit Freunden oder in der Familie – eine neue Dimension verleiht, folgt im Lukasevangelium der Bericht über die Einsetzung des eucharistischen Mahles: Jesus bricht das Brot und reicht es seinen Jüngern mit den Worten: »Das ist mein Leib, der für euch hingegeben wird. Tut dies zu meinem Gedächtnis!« (Lk 22,19). Das gebrochene Brot ist Ausdruck für Jesu Tod am Kreuz. Am Kreuz wird Jesus selbst für uns zerbrochen, damit wir nicht zerbrechen an dem, was uns täglich widerfährt an Not

und Unheil. Jesus reicht sich selbst in Gestalt des Brotes, um uns auf unserem Weg zu stärken durch seine Liebe, die in dem zerbrochenen Brot sichtbar wird. Dann nimmt er den Kelch mit Wein und sagt: »Dieser Kelch ist der Neue Bund in meinem Blut, das für euch vergossen wird« (Lukas 22,20). Der Wein wird zum Blut Jesu, das für uns vergossen wird. Das Herzblut zu vergießen, ist der tiefste Ausdruck von Liebe. So trinken wir im eucharistischen Wein die menschgewordene Liebe Gottes, die Liebe, die in der Hingabe Jesu in seinem Tod für uns ihren Gipfel erreicht hat. Das ist die größte Würde, die der Wein jemals erfahren hat. Er wird zum Träger der Liebe Jesu, die stärker ist als der Tod. Im eucharistischen Wein trinken wir die Liebe Jesu, die Himmel und Erde, Leben und Tod miteinander verbindet. Es ist eine Liebe, die den Tod überwunden hat.

Johannes erzählt nichts über die Einsetzung des eucharistischen Mahles. Und doch hat er etwas Wesentliches zum Verständnis der Eucharistie beigetragen. Im sechsten Kapitel hat er die große »Brotrede« festgehalten. Da sagt Jesus von sich: »Ich bin das Brot, das vom Himmel herabgekommen ist« (Johannes 6,41). Er vergleicht sich mit dem Brot, das Gott den Israeliten beim Auszug aus der Wüste geschenkt hat, nachdem sie aus Ägypten geflohen waren. Jesus stärkt uns auf unserem Weg, der uns durch die Wüste unseres Lebens in das Gelobte Land führt, in das Land, in dem wir ganz wir selbst sein dürfen.

Eine Deutung des Weines gibt uns Johannes nicht nur in Jesu Rede vom Weinstock (Johannes 15,1–8), sondern auch in seiner Beschreibung der Kreuzigung Jesu.

Er schildert, wie ein Soldat mit der Lanze in die Seite Jesu hineinstieß: »Sogleich floss Blut und Wasser heraus« (Johannes 19,34). Das wurde in der christlichen Tradition zu einem Bild für die Eucharistie: Im Kelch trinken wir das Blut Jesu, das in seinem Tod aus seinem Herzen strömte. Gemeint ist damit seine Liebe, die aus seinem Herzen strömte.

Blut und Wasser sind für Johannes zudem Zeichen für den Geist, den Jesus uns schenkt. Es ist sein Geist der Liebe, der uns in der Eucharistie erfüllt. Auf dem Hintergrund seiner Erzählung von der Hochzeit zu Kana, bei der Jesus sechs Krüge Wasser in Wein verwandelte, könnte man sagen: Das Herz Jesu ist der siebte Krug, der den göttlichen Wein auf uns herabströmen lässt, um mit uns Hochzeit zu feiern. Johannes sagte, dass Jesus uns am Kreuz bis zur Vollendung – griechisch: *eis telos* – geliebt hat. »Telos« kann auch Hochzeit bedeuten. Im Tod fließen Blut und Wasser auf uns herab, da strömt die Liebe Jesu in uns hinein, um alles in uns mit seiner Liebe zu durchdringen. Das ist ein Bild für die Vollendung der Hochzeit, die am Kreuz geschieht. Da gibt es nichts mehr in uns, was nicht von Liebe durchdrungen wird. Das Kreuz war schon vor Christus ein Heilssymbol. Es symbolisierte die Einheit aller Gegensätze. Übertragen auf heute heißt das: Gottes Liebe strömt aus dem Herzen Jesu in das Starke und Schwache in mir, in das Gesunde und Kranke, in das Gelungene und Misslungene, in das Gelebte und Ungelebte, in das Männliche und in das Weibliche. So wird alles in mir von Liebe erfüllt.

Die frühe Kirche hat noch ein anderes starkes Bild für das Geheimnis von Jesu Passion und Auferstehung und für das Geheimnis der Eucharistie: Es ist das Bild des Keltertreters. Der Wein bzw. zunächst der Traubensaft wurde in damaliger Zeit durch Zertreten der Trauben in der Kelter gewonnen. Das wurde für die frühen Christen ein Bild für die Passion Jesu: In seinem Leiden wurde Jesus wie eine Traube für uns zertreten. Daraus strömte sein »Traubenblut« in den Kelch, der auf mittelalterlichen Darstellungen oft von Engeln gehalten wird, die darin das Blut Jesu auffangen.

Schon das Alte Testament kannte das Bild der Kelter als Bild für das Gericht Gottes. So beschreibt der Prophet Jesaja auf dem Hintergrund des Keltertretens, wie es damals üblich war, das Handeln Gottes: »Ich allein trat die Kelter; von den Völkern war niemand dabei. Da zertrat ich sie voll Zorn, zerstampfte sie in meinem Grimm. Ihr Blut spritzte auf mein Gewand und befleckte meine Kleider« (Jesaja 63,3). Dieses Wort wurde zum Bild für das Geschehen am Kreuz. Da wurde Christus für uns zertreten, aber nicht zum Gericht, sondern damit wir den Wein seiner Liebe trinken.

Im Mittelalter wird Christus selbst als Keltertreter dargestellt. Er schenkt uns sein Blut aus Liebe. Das wird schon in dem Wort sichtbar, das uns die Evangelisten vom letzten Abendmahl überliefern. In den Worten des Matthäus: »Das ist mein Blut, das Blut des Bundes, das für viele vergossen wird zur Vergebung der Sünden« (Matthäus 26,28). Das Vergießen des Blutes erinnert an das Geschehen in der Kelter. Und die Kelter wird zum Bild für die Passion Jesu. Jesus nimmt das Leiden auf sich, weil er uns liebt. In seiner Passion vollendet sich seine Liebe. Aber es ist eine Liebe, die sozusagen ausgepresst wird für uns. Wir können von seiner Frucht, vom Wein, der für uns vergossen wird, kosten und darin die Liebe Jesu genießen.

Paulus erzählt uns im ersten Korintherbrief,

dass die frühen Christen immer wieder zum Mahl zusammenkamen, bei dem sie zusammensaßen und nicht nur aßen, sondern auch gemeinsam Wein tranken. Im Mahl teilten sie miteinander ihr Leben und ihre Gaben. Sie hatten das Bedürfnis, täglich zusammenzukommen, um sich ihrer Gemeinschaft zu vergewissern und um sich in ihrem Glauben zu stärken. Auf diese Weise setzten sie die Lebensgemeinschaft, die die ersten Jünger mit Jesus erfahren hatten, fort. Sie glaubten daran, dass Jesus selbst bei diesem Mahl in ihrer Mitte ist. Diese gemeinschaftsstiftende Geste Jesu wollten sie fortsetzen und erfüllten so den Auftrag Jesu, den er seinen Jüngern beim letzten Abendmahl gegeben hatte.

Doch Paulus kritisiert in seinem Brief die Korinther, weil die Reichen Christen in der Gemeinde beim Mahlhalten nicht auf die Armen warteten. Die Armen waren meistens Sklaven, die zu den Versammlungen nicht vor Arbeitsschluss kommen konnten. Dann hatten die Reichen aber schon ausgiebig gegessen und Wein getrunken. Paulus meint sogar, einige seien dann schon betrunken und das sei des eucharistischen Mahles unwürdig, denn dieses Mahl wolle ja gerade Gemeinschaft stiften und nicht die Armen von den Reichen trennen (1 Korinther 11,20–22).

Dann erinnert Paulus nochmals in feierlichen Worten an die Eucharistie, in Worten, die ihm selbst von Christus überliefert worden sind: »Denn ich habe vom Herrn empfangen, was ich euch dann überliefert habe: Jesus, der Herr, nahm in der Nacht, in der er ausgeliefert wurde, Brot, sprach das Dankgebet, brach das Brot und sagte: Das ist mein Leib für euch. Tut dies zu meinem Gedächtnis! Ebenso nahm er nach dem Mahl den Kelch und sprach: Dieser Kelch ist der Neue Bund in meinem Blut. Tut dies, sooft ihr draus trinkt, zu meinem Gedächtnis« (1. Korinther 11,23–25).

Dann deutet er das eucharistische Mahl mit den Worten: »Denn sooft ihr von diesem Brot esst und aus dem Kelch trinkt, verkündet ihr den Tod des Herrn, bis er kommt« (1. Korinther 11,26). Die Christen sollen also nicht einfach essen und trinken, sondern dabei daran denken, dass das Brot der Leib Christi ist und der Wein sein Blut. Sie sollen sich daran erinnern, dass sie in ihrem Mahl der Hingabe Jesu in seinem Tod gedenken und ihren Glauben an seine Wiederkunft ausdrücken. Das Mahl ist auf die Zukunft hin ausgerichtet, auf das Kommen Jesu in seiner Herrlichkeit.

Lukas schildert in der Apostelgeschichte die Atmosphäre, in der die frühen Christen miteinander Mahl hielten: »Tag für Tag verharrten sie einmütig im Tempel, brachen in ihren Häusern das Brot und hielten miteinander Mahl in Freude und Einfalt des Herzens« (Apostelgeschichte 2,46). Die Gaben Brot und Wein genügten, um in Freude und Einfalt des Herzens Mahl zu halten, denn indem sie das Brot brachen und den Wein miteinander teilten, vollzogen sie das, was Jesus mit ihnen getan hatte. Sie wussten, dass der Auferstandene selbst in ihrer Mitte war und mit ihnen Mahl hielt, so wie er während seines Lebens immer wieder Mahl mit ihnen gehalten und ihnen seine Güte und Menschenfreundlichkeit gezeigt hatte. Das Mahl, das die frühen Christen immer wieder miteinander hielten, war also der Ort, an dem sie Jesu Liebe in den Gestalten von Brot und Wein leibhaft erfahren durften. Und es war der Ort, an dem sie die Menschen verschiedener Herkunft, verschiedenen Alters und Geschlechts in ihre Gemeinschaft aufnahmen und wo somit ihre Gastfreundschaft ihren Höhepunkt fand. Die frühe Kirche hat sich gerade durch ihre Gastfreundschaft, die sie wesentlich prägte, ausgebreitet. Die Frohe Botschaft zu verkünden, bedeutete für die Christen nicht, dass man einzelne Menschen mit vielen Worten und Vorträgen vom Glauben zu überzeugen versuchte, sondern dass man ihnen die Erfahrung einer neuen Gemeinschaft vermittelte, die im Essen und Trinken nicht nur miteinander eins wurde, sondern Christus selbst als ihre Mitte unter sich wusste und an seinem Geist und seiner Liebe teilhatte.

Im ersten Timotheusbrief mahnt der Verfasser den Timotheus: »Trink nicht nur Wasser, sondern nimm auch etwas Wein, mit Rücksicht auf deinen Magen und deine häufigen Krankheiten« (1. Timotheus 5,23). Der Wein wurde also in der frühen Kirche auch als Heilmittel verstanden, vor allem für den Magen. Hier wird auf der einen Seite das Wissen der antiken Medizin um die gesundheitsfördernde Wirkung des Weins aufgegriffen. Auf der anderen Seite wehrt sich der Verfasser offensichtlich gegen asketische Tendenzen, die in der damaligen weit verbreiteten Strömung der Gnosis vorherrschten und den Weingenuss verboten. Die Gnosis war eine Bewegung, die die Menschen faszinierte, weil sie ihnen mystische Erfahrungen versprach. Aber es war auch eine Bewegung, die leibfeindlich war und daher den Wein zurückwies. Paulus oder wahrscheinlich eher ein Schüler von ihm zeigt mit seiner Mahnung an Timotheus, dass Jesus nicht in erster Linie eine asketische Bewegung ins Leben gerufen hatte, sondern eine Bewegung, die sich an den Gaben Gottes – und vor allem am Wein – dankbar erfreuen durfte, vielleicht auch, weil sie im Wein ein Bild für ihre Spiritualität erkannte. Christliche Spiritualität war geprägt von der Freude an der großen Liebe, die Gott uns in Jesus Christus erwiesen hat. Und diese Liebe wurde für sie nicht nur in der Eucharistiefeier erfahrbar, sondern auch darin, dass man maßvoll den Wein genießen konnte. Wie der wohl erst um das Jahr 100 nach Christus entstandene Timotheusbrief zeigt, haben die frühen Christen nicht zur Askese und Weltflucht aufgerufen, sondern vielmehr dazu, sich in dieser Welt zu bewähren. In der frühen Kirche wurden die biblischen Aussagen über Jesus Christus und mündlich wohl auch seine eigenen Worte weitertradiert. Gerade im Hinblick auf den Wein, die Trauben und den Weinberg wurde die Symbolik dabei weiter vertieft. Noch heute verstehen sich Priester, PastoralreferentInnen und GemeindereferentInnen als »Arbeiter und Arbeiterinnen im Weinberg des Herrn«. Sie übernehmen damit das biblische Bild vom Volk Israel als Weinberg. Sie deuten ihre Aufgabe als Hegen und Pflegen, als »Aufgraben« verhärteter Herzen und als »Düngen« mit der Liebe Gottes. Sie möchten, dass die Gemeinde Frucht trägt wie ein Weinberg, damit alle gemeinsam diese Frucht genießen können.

Die Trauben, die zer-
treten werden, waren
nicht nur ein Bild für
Jesus Christus, sondern
auch für die Christen, die für
ihren Glauben einstehen, also
für die Märtyrer der frühen
Kirche. Das ist ein Bild, das
auch heute noch durchaus seine Bedeutung hat, denn wer
sich in unserer Gesellschaft
als Christ bekennt, gerät oft
unter die Stiefel derer, die alles
Fromme platttreten wollen,
weil es sie verunsichert. Und
wer sich für Christus einsetzt,
erlebt seinen Einsatz oft als
Getretenwerden von allen
Seiten.

Dass Jesus sich selbst mit dem Wein identifiziert hat, hat den Glauben der Christen nachhaltig geprägt. Er wurde zum Bild für den Geschmack, den Jesus uns vermittelt: Es ist ein Geschmack der Freude, der Liebe, die verzaubert und inspiriert, ein Geschmack des Berauschtseins vom Geist Jesu.

Ein Mitbruder sprach einmal in einer Predigt vom »Jesusgeschmack«. Hat das, was wir verkünden, immer den »Jesusgeschmack«? Oder ist es eher der Geschmack unserer eigenen Bitterkeit und Härte? Er fragte etwas provozierend: Was wäre das wohl für ein »Jesusgeschmack«, wenn Jesus gesagt hätte: Ich bin ein magenschonender Kamillentee? Manche Christen bevorzugen heute vielleicht eher diesen »Jesusgeschmack«. Sie wollen ihre Spiritualität asketisch und vorsichtig leben. Doch Jesus hat sich mit dem Wein identifiziert. Das gibt der Jesusnachfolge einen ganz eigenen Geschmack: Jesu Worte und Jesu Liebe sollen wie Wein auf uns wirken, wie Wein, der das Herz erfreut und uns in eine gehobene Stimmung bringt.

DER WEIN
IN DER GESCHICHTE
DES CHRISTENTUMS

Zwar lesen wir, der Wein sei überhaupt nicht für Mönche;

weil sich die Mönche in unserer Zeit davon nicht überzeugen lassen, sollten wir uns wenigstens dazu verstehen, dass wir nicht bis zur Sättigung trinken, sondern uns zurückhalten; denn: Der Wein bringt selbst die Weisen zum Abfall.

Aus der Regel
des heiligen Benedikt

KULTURGESCHICHTE

Seit sechstausend Jahren gibt es Winzer, die Wein anbauen und ihn verarbeiten. Die ersten Weinkulturen findet man in Ägypten, wo schon ab 3000 vor Christus Reben angepflanzt wurden. Zeitgleich baute man im kleinasiatischen Zweistromland bereits Wein an und entwickelte dort die Kultur des Anbaus und der Verarbeitung von Wein. Historiker meinen, dass die Geburtsstätte der abendländischen Weinkultur jedoch Griechenland sei. Schon aus der mykenischen Zeit (1600 bis 1200 vor Christus) liegen Dokumente einer griechischen Weinkultur vor (Woschek 27). Von Griechenland bringen Winzer den Weinbau im Zuge der griechischen Kolonisation des nordwestlichen Mittelmeergebietes zwischen 750 und 550 vor Christus an die Südküste Galliens und Spaniens. Vor allem die Gegend um Marseille, die von der Lage am Meer her schon früh ein wichtiger Handelsplatz war, wurde im Folgenden zu einem ersten Weinanbaugebiet und auch zum Handelsplatz für Wein. Der Weinhandel reichte – so zeigen es alte Funde griechischer Weinflaschen und Scherben griechischer Trinkschalen – schon um das Jahr 500 vor Christus bis weit nach Germanien hinein (Woschek 87). In Germanien war der Weinbau bis dahin noch unbekannt gewesen; man hatte das kostbare Gut importiert. In Gallien erlebte der Weinbau einen großen Aufschwung, als das Land im Jahr 121 vor Christus römische Provinz wurde. Neben Marseille wurde damals Bordeaux zum wichtigsten Ort des Weinbaus und Weinhandels. Bis heute ist diese Bedeutung geblieben. Den dort angebauten Wein trank man sogar noch in England und Irland, wohin er über das Meer exportiert wurde. Schiffswracks, die vor der Küste Südfrankreichs gefunden wurden, zeugen von einer regen Handelstätigkeit mit dem Wein, der in den griechischen Kolonien angebaut wurde.

Am Anfang fanden die Römer keinen Geschmack an den Weinen, die in Gallien angebaut wurden. Doch offensichtlich züchtete man dort schon bald Rebsorten, die den Frost besser vertragen konnten und die zunehmend eine bessere Weinqualität bewirkten. Jedenfalls breitete sich der Weinbau in Gallien immer weiter aus. Nach und nach importierte man sogar gallische Weine und Rebsorten nach Rom. Zwischen Rom und seiner Provinz Gallien gab es also bald einen regen Austausch von Erfahrungen über den Weinbau.

Von Gallien breitete sich der Weinbau im ganzen römischen Herrschaftsgebiet aus und gelangte schließlich bis an die Mosel. Die Gallier kultivierten den Weinbau, indem sie neue Rebsorten entwickelten und neue Methoden der Verarbeitung ausprobierten. Sie stellten beispielsweise Schaumwein her, indem sie den Wein mit Honig süßten, und erfanden den Aperitif, indem sie Wein würzten und räucherten. Schließlich ließen sie ihre Weine sogar in Holzfässern reifen, eine Kunst, die auch heute noch den französischen Weinen ihren ganz eigenen Geschmack verleiht. Die Römer lieferten die gallischen Weine auch an die keltischen Stammesfürsten. Die fanden allmählich so großen Geschmack am vergorenen Rebensaft, dass sie manchmal ihr ganzes Hab und Gut hergaben, um an dieses köstliche

Getränk heranzukommen. Am Ende der Antike, also etwa ab dem Jahr 500 nach Christus, breitete sich der Weinbau gerade durch die Christianisierung Galliens und Germaniens aus. Der Übertritt des fränkischen Königshauses zum Christentum führte dazu, dass die Merowinger die römische Kultur und damit auch die römische Weinbaukultur übernahmen. Die Ausbreitung des Christentums zog es nach sich, dass immer mehr Wein angebaut wurde. Die vielen Klöster, die im siebten und achten Jahrhundert in Europa gegründet wurden, hatten alle ihre eigenen Weinberge und bauten ihren eigenen Wein an, denn sie benötigten ihn für die Feier der Eucharistie, bei der naturreiner Wein ausgeschenkt und nicht nur den Priestern, sondern allen Gottesdienstbesuchern gereicht wurde. Daher stieg mit zunehmender

Christianisierung auch der Weinbedarf. Diese Praxis hielt sich bis zum Jahr 1415.
Ein zweiter Grund für die Ausbreitung des Weinbaus war ein hygienischer. Der Wein war »nicht nur ein Genussmittel, sondern ein notwendiges Lebensmittel. Er war Tagesgetränk der Wohlhabenden. Das war er vor allem wegen der überlieferten Erkenntnis über den gesundheitlichen Wert des mäßig getrunkenen Weines, aber auch wegen der schlechten Qualität des Trinkwassers in den mittelalterlichen Städten, der geringen Lagerfähigkeiten des damals aufkommenden Bieres und des Fehlens anderer Getränke wie Tee und Kaffee. Das ließ den Bedarf stark ansteigen« (Fröhlich 24). Aus diesen hygienischen Gründen wurde der Wein allmählich auch zum Getränk aller Gesellschaftsschichten, nicht nur der Wohlhabenden.

Alle Weinbauern, auch die Klöster, mussten dem Bischof den Zehnten der Weinernte abliefern, ein Recht, das der fränkische König den Diözesen in seinem Herrschaftsgebiet verliehen hatte. Auf diese Weise wurde für die Kirche neben dem Kornzehnt auch der Weinzehnt eine wichtige Einnahmequelle. So konnten die Bischöfe ihre Priester bezahlen und die vielen Kirchenbauten finanzieren.

Vor allem Karl der Große förderte den Weinbau sehr und erließ Richtlinien für eine bessere Weinqualität. Er und sein Sohn Pippin übertrugen vor allem den Klöstern die Kultivierung des Weinbaus. Da die Klöster Stätten der Bildung waren, erhoffte sich Karl der Große, dass sie ihr Wissen auch dem Weinbau zugute kommen lassen und nicht nur die römische Weinkultur übernehmen, sondern sie auch noch weiterführen würden.

Durch die Klöster gelangte der Weinbau schließlich bis in abgelegene Gegenden, so auch nach Thüringen und sogar bis nach Pommern, in das Elbtal bei Dresden und Meißen, in das Gebiet von Saale-Unstrut und bis nach Grünberg in Schlesien. Dort wird heute noch Wein angebaut. All diese Weinbaugebiete verdanken ihren Ursprung den Klöstern.

DÜNGEN MIT DER LIEBE GOTTES

KLÖSTER UND WEINBAU

Karl der Große betrachtete Klöster als Kulturträger. Sie erfüllten seine Vision von einer Kultivierung seines Reiches und sollten so zu »Keimzellen der Kultur« werden. Adlige schickten ihre Söhne in die Klöster, damit man ihnen hier Schreiben, Lesen und Rechnen beibrachte. Auf diese Weise unterrichtet, hob sich allmählich der Bildungsstand im Volk, und auch das Wissen um den Weinbau breitete sich mehr und mehr aus. Bildung war Karl also ein wichtiges Anliegen, aber auch die Kultivierung des Ackerbaus und des Weinbaus. So stattete er viele Klöster mit Land aus, wozu immer auch Weinberge gehörten. Der Anbau des Weines wurde daher für viele Klöster zu einer wichtigen Aufgabe. Wie schon erwähnt, beschäftigte sich Karl der Große intensiv mit der Technik der Weinzubereitung und legte Wert auf eine bessere Weinqualität. Der Kaiser erließ detaillierte Anweisungen, »wie die Reben anzupflanzen, der Wein zu keltern und in reine Gefäße zu gießen sei. Er verbot das Treten der Trauben mit den bloßen Füßen und verfügte, dass sie in Keltern, den sogenannten Truttas (heute gelegentlich noch Trotta genannt) zu pressen seien« (Woschek 103).

Neben ihrer Vorreiterrolle in Bezug auf Kultivierung des Landes und seiner Bewohner hatten für Karl die Klöster allerdings auch eine weitere wichtige Aufgabe: seine Herrschaft zu festigen. Sie waren seiner weltlichen Herrschaft ein starker Rückhalt.

Während die frühen Mönche, die sogenannten Wüstenväter, jeden Weingenuss abgelehnt hatten (zwischen 300 und 500 nach Christus), erkannte Benedikt schon bald, dass dies in dem Kulturbereich, in dem er selbst seine Klöster gründete, nahezu unmöglich war. Er schreibt in seiner Regel: »Zwar lesen wir, der Wein sei überhaupt nicht für Mönche; weil sich aber die Mönche in unserer Zeit davon nicht überzeugen lassen, sollten wir uns wenigstens dazu verstehen, dass wir nicht bis zur Sättigung trinken, sondern uns zurückhalten; denn: Der Wein bringt selbst die Weisen zum Abfall (Sirach 19,2)« (RB 40,6f.). So genehmigt Benedikt, indem er die Unzulänglichkeit der Schwachen berücksichtigt, täglich für jeden Mönch eine Hemina Wein. In der Auslegung der Regel gab es immer wieder Diskussionen darüber, wie groß wohl diese Hemina, also das Maß, von dem Benedikt spricht, war. Vermutlich entsprach sie etwas mehr als einem Viertelliter (0,27 Liter). Mit der Zeit lockerten die Klöster diese Sitte und erlaubten die sogenannte »Caritas«: An Festtagen durfte man mehr Wein trinken. Benedikt erinnert jedoch auch an das Ideal der Mönche, wenn er schreibt: »Wem aber Gott die Kraft gibt, sich zu enthalten, der wisse, dass er einen besonderen Lohn erhalten wird« (RB 40,4). Für den eigenen Bedarf und um den eigenen Messwein zu produzieren, legten die Benediktinerklös-ter Weinberge an. Der Wein musste naturrein sein, also ohne irgendwelche Zusätze. Er brauchte eine hohe Qualität. Weil die Mönche also die Sicherheit haben wollten, dass sie keinen »gepanschten« Wein für die heilige Messe benutzten, bauten sie ihn lieber selbst an.

Die Klöster wurden im Reich Karl des Großen und in der Folgezeit immer mächtiger, was jedoch gerade zu Beginn des zehnten Jahrhunderts auch zur Folge hatte, dass sie immer weiter verweltlicht wurden. Deshalb ging von Cluny etwa um das Jahr 900 eine Reformbewegung aus. Doch auch diese Klöster wurden zunehmend immer reicher. Von Cluny heißt es, dass ihm im elften Jahrhundert 65 Weingüter gestiftet wurden.

Die Benediktiner, die der Reform von Cluny folgten, widmeten sich daraufhin ganz der Liturgie und vernachlässigten die zweite mönchische Pflicht, die ihr Gründer, der heilige Benedikt, in ihrem Ordensmotto »ora et labora« (bete und arbeite) festgeschrieben hatte: die Handarbeit. So entstand eine weitere Reformbewegung, die im zwölften Jahrhundert vom französischen Kloster Citeaux ausging. Bernhard von Clairvaux war ihr eigentlicher Initiator. Er begeisterte die Menschen mit seiner Predigt und gründete in kurzer Zeit in ganz Europa neue Klöster: die sogenannten Zisterzienserklöster.

Die Zisterzienser kritisierten den Weingenuss der Benediktiner und wollten ursprünglich den Mönchen ihres Ordens den Weingenuss ganz verbieten. Doch das war nicht durchsetzbar. So hielten sie sich an die Regel des Benedikt, die eine Hemina pro Tag für jeden Mönch gestattete, wobei man den Wein mit einem Viertel Wasser verdünnte. Dennoch haben die Zisterzienser im Laufe der Jahrhunderte in der Nähe ihrer Klöster Weinberge angelegt. Dies geschah nicht nur wegen ihres Eigenbedarfes, sondern weil Wein ein kostbares Gut war, das den Klöstern half, ihren Lebensunterhalt zu sichern: »Beides, der materielle und der ideelle Aspekt, hat es insbesondere den Zisterziensermönchen erleichtert, in die Geheimnisse des Weines einzudringen« (Fröhlich 19).

Klöster spielten also eine wichtige Rolle für den Weinbau in Europa. Auf der einen Seite veredelten sie den Wein immer mehr: Sie entwickelten ständig neue Rebsorten und passten sie an die Ortsverhältnisse an. Auch die Verarbeitung der Trauben und des Weins entwickelten sie weiter. So probierten sie beispielsweise aus, wie der Wein einen noch besseren Geschmack bekommen und wie man ihn länger und besser lagern konnte.

Im Kloster Eberbach stellte man daher im Jahr 1499 das »Große Fass« her. »Es fasste 70 000 Liter und galt damals als das größte Fass der Welt« (Fröhlich 49).
Auf der anderen Seite betrachteten auch die Klöster selbst den Weinbau und Weinhandel als wichtige Einnahmequelle. Daher produzierten sie neben dem naturreinen und sehr hochwertigen Wein für den Eigenbedarf auch billigere Weine, um sie an die Menschen der umliegenden Ortschaften zu verkaufen.

Die Klöster mussten sich den Lebensunterhalt selbst verdienen. Sie waren bei ihrer Gründung meistens von den Königen oder Bischöfen mit Land ausgestattet worden. Dann jedoch war es ihre Aufgabe, dieses Land so gut zu bewirtschaften, dass sie genügend zum Leben hatten. Dabei waren Weinberge begehrtes Gut, denn mit Weinbau konnte man – bezogen auf die Größe des Landes – mehr verdienen als mit dem Anbau von Getreide.

Da die Klöster in dieser Zeit die Bildungsstätten schlechthin waren, vermittelte man hier nicht nur das gesammelte Wissen der Antike und Gegenwart, sondern eben auch das römische Wissen über den Weinbau. Zugleich forschten die Mönche selbst und entwickelten so neue Anbaumethoden. Ihr Verdienst ist es in diesem Zusammenhang vor allem, dass sie zu großem Wissen über die Weinlagen gelangten und so zeigen konnten, »welche Bedeutung die geologischen Besonderheiten einer Lage, der Boden und die anderen Standortbedingungen des Rebstockes für das Entstehen eines großen Weines besitzen« (Fröhlich 37). Die Mönche teilten die Weinberge in kleine Parzellen auf und konnten so bestimmen, aus welcher davon ein edler Wein und aus welcher eher einfacher Wein hervorgehen würde. Sie kelterten die Trauben der verschiedenen Parzellen getrennt und erzeugten auf diese Weise Weine unterschiedlicher Qualität.

Die Klöster – vor allem die Zisterzienserklöster – hatten damals das sogenannte Institut der Konversen. Das waren Laienbrüder, die auch die Gelübde ablegten, aber nicht an die strenge Klausur gebunden waren. Sie kamen meistens aus dem einfachen Volk und bearbeiteten die Felder und Weinberge. Vor allem ihnen ist es zu verdanken, dass die Zisterzienser den Weinbau immer mehr kultivierten, denn sie sammelten ihre Erfahrungen durch die eigene Arbeit.

Die Zisterzienser bekamen damals von den Königen kein kultiviertes Land als Gabe bei ihrer Gründung, weil urbares Land meist schon vergeben war. Daher mussten sie die Flächen oft erst roden und von Steinen befreien sowie pflügen. Welche Leistung sie dabei erzielten, zeigt das Beispiel von Dézaley: Das Kloster Hauteret hatte im Jahr 1141 vom Bischof von Lausanne Land am Nordufer des Genfer Sees bekommen, mit der Auflage, es urbar zu machen und dort Weinberge anzulegen. So rodete man die Hänge und legte Wege und Terrassen an. Heute sind diese Weinberge von Dézaley ein Weltkulturerbe. Die Weine, die dort erzeugt werden, gehören zu den teuersten und edelsten in der ganzen Schweiz (Vgl. Fröhlich 41ff.).

Ich möchte noch kurz auf das Zisterzienserkloster Ebrach eingehen, das in der Nähe der Abtei Münsterschwarzach liegt. Es ist schon 1127 vom französischen Kloster Morimond aus gegründet worden und hat den Weinbau in den Steigerwald gebracht. Außer den Weinbergen in nächster Nähe zum Kloster gehörten auch zahlreiche Parzellen in Würzburg zum Klostergut. Das Kloster hat vor allem nach dem Dreißigjährigen Krieg eine eigene Weinbaupolitik betrieben. Damals veredelte man den Wein und erhöhte dann den Preis. So hat das Kloster die Inflation verhindert. Es hatte eine eigene Leseordnung für die Weinberge und konnte daher das Lesen der Reben der jeweiligen Lage und Rebsorte anpassen. Vor allem aber hat Ebrach – es war ganz konkret Abt Alberich Degen – im Jahre 1665 die Silvanerrebe eingeführt und kultiviert. Sie wurde zum Kennzeichen des typischen Frankenweines. Ver-

mutlich hat Ebrach diese Rebe aus seinem österreichischen Tochterkloster Rein importiert. Das Kloster konzentrierte sich in der folgenden Zeit auf die besten Standorte für die Reben und konnte dadurch die Qualität des Weines deutlich erhöhen. Der Silvaner wurde durch Ebrach zur Spezialität Frankens. Am Steinberg zu Würzburg, einer der besten Reblagen Frankens, wurde ein Gedenkstein zu Ehren des Abtes Alberich Degen errichtet, der allerdings 1945 während des Bombenangriffs auf Würzburg zerstört worden ist. Die drei besten Würzburger Weingüter – der Hofkeller, das Bürgerspital und das Juliusspital – »verstehen sich als Erben der Zisterzienser des Klosters Ebrach« (Fröhlich 63).

Viele berühmte Weingüter, die damals von den Klöstern betrieben wurden, sind inzwischen in weltliche Hände übergegangen. Die Klöster wurden aufgelöst, aber das,

was sie geschaffen haben, wurde von anderen weitergeführt. Diese Güter verdanken also den Mönchen ihre Entstehung, so zum Beispiel auch das renommierteste burgundische Weingut, Clos de Vougeot, wie Woschek schreibt. Im Rheingau war es vor allem die Abtei Eberbach, die den Weinbau kultivierte. Der Eberbacher »Steinberg« ist heute noch eine der besten Lagen. Die Zisterziensermönche von Eberbach haben diesen Steinberg mit einer hohen Mauer umgeben. »Die Mauer des Steinberges hält nicht nur Traubendiebe ab, sondern verhindert gleichzeitig das Einsickern von Kaltluft und gibt dem Weinberg ein besonders mildes Kleinklima« (Fröhlich 48). Inzwischen ist das große Weingut der Zisterziensermönche zu einem staatlichen Weingut geworden, das mit seinen 197 Hektar Rebfläche die Weinbautradition der Mönche fortsetzt.

DIE ZUKUNFT GEHÖRT DEM NEUEN WEIN

Heute spielt der Weinbau nur noch für wenige Klöster eine Rolle. Dies sind vor allem noch solche, die in Weinbaugebieten liegen. Die Benediktinerinnen-Abtei St. Hildegard in Eibingen baut beispielsweise selbst Wein an, bei dessen Herstellung sie auf das Wissen der heiligen Hildegard zurückgreift.

 In Frankreich gibt es noch mehrere Klöster, die Weinberge bewirtschaften. Dort ist der Weinbau auch heute oft ein wichtiger Wirtschaftsbetrieb, um den Lebensunterhalt zu sichern.

In Österreich besitzen Klöster Weingüter, die allerdings oft weit entfernt vom Kloster liegen. Die Weingüter dienen sowohl dem Einkommen der Klöster als auch dem Konsum der Mitbrüder.

Mit dem Weinkonsum hält man es heute in den Klöstern sehr verschieden. In italienischen Klöstern trinkt man zu allen Mahlzeiten Wein. In österreichischen Klöstern gibt es jeden Sonntag Wein zum Mittagessen. In unserer Abtei Münsterschwarzach gibt es Wein nur zu den Festtagen. Aber da wir in einer Weingegend leben, bekommen wir von den Menschen, die uns besuchen und mit uns in Kontakt stehen, oft Wein geschenkt. Und wenn wir den Namenstag oder Geburtstag eines Mönches feiern, dann trinken wir auch Wein miteinander. Die frühere Abtei, die von 815 bis 1803 bestand – 1913 wurde sie wieder neu gegründet –, besaß einige Weinberge in der Gegend, und die Winzer der Umgebung mussten den Zehnten der Ernte in der Abtei abliefern. In Sommerach und Nordheim kann man noch immer die Zehnthöfe besuchen, in denen der Weinzehnt der dortigen Winzer jährlich gesammelt wurde.

WEINHEILIGE

Schon vor Christus haben die Menschen, die in der Landwirtschaft tätig waren oder Weinbau betrieben, ihr Vertrauen auf Gott gesetzt. In anderen Religionen gab es bestimmte Götter, die den Wein schützten. Die Christen haben ihren früheren heidnischen Glauben nicht einfach ausgerottet. Sie haben ihn sozusagen christlich getauft. Anstelle der heidnischen Götter traten nun Heilige. Sie wurden zu Patronen des Weinbaus, der Rebstöcke und des Wetters. Man bat sie, dass sie das richtige Wetter brachten und die Reben vor Ungeziefer und Schädlingen bewahren mögen. Natürlich war es immer Gott, den man um Hilfe bat, aber die Menschen brauchten so etwas wie konkrete Ansprechpartner, an denen sie ihr Vertrauen auf Gott festmachen konnten. Die Verehrung der Weinheiligen wurde oft mit alten Bräuchen verbunden, die teilweise heute noch üblich sind. In den verschiedenen Weinbaugebieten Europas hatte man seine besonderen Patrone für den Wein, für das Wetter und für die Reben.

Insgesamt gibt es wohl um die siebzig Heilige, die im Zusammenhang mit dem Weinbau als Patrone verehrt wurden und die man bat, bei Gott für eine gute Ernte einzutreten. Ich möchte nur ein paar Heilige herausgreifen. Der eigentliche Weinheilige, dessen Verehrung am weitesten verbreitet ist, ist der heilige Urban. Urban war ein französischer Bischof, der im fünften Jahrhundert lebte. Der Legende nach versteckte er sich hinter einem Weinstock, als er verfolgt wurde. »Aus diesem Grunde wurde er zumeist mit einer Traube in der Hand neben einem Weinstock abgebildet« (Graff 11). Im neunten Jahrhundert hat man das Weinpatronat oft auf Urban I. übertragen, der von 222 bis 230 nach Christus Papst war. Letztlich geht es nicht um die Geschichte dieses Heiligen, sondern darum, einen Heiligen der Kirche zu haben, der für das Gelingen des Weinbaus zuständig ist. Und ausschlaggebend war vermutlich das Datum, denn der Bischof Urban hatte sein Heiligenfest am 2. April, während Papst Urban am 25. Mai gefeiert wurde. Das war ein Datum, an dem die Eisheiligen schon vorbei waren.

Als sogenannte Eisheilige gelten die Heiligen, die zwischen dem 11. und 13. Mai verehrt werden: Mamertus, Pankratius und Servatius. Manchmal wird auch Sophia am 15. Mai (»die kalte Sophie«) noch dazugerechnet. Sie hatten ihren Namen von dem oft zu dieser Zeit in Mitteleuropa eintretenden Kälteeinfall, der im Mai noch einmal Nachtfrost bringt. Der Urban-Tag am 25. Mai galt im Mittelalter als Lostag, das heißt, an diesem Tag wurde der Lohn für die Arbeit im Weinberg ausbezahlt. Aber Lostag bedeutete auch, dass bis zu diesem Tag die Arbeiten im Weinberg abgeschlossen sein mussten.

Mit dem Fest des heiligen Urban verband man auch eine Wetterregel: »Urbans Sonnenschein bringt uns guten Wein.« An diesem Tag gab es auch Bräuche wie Flurprozessionen, das heißt, in einer Bittprozession trug man eine Statue des heiligen Urban über oder durch die Weinberge, um deren Fruchtbarkeit und gute Ernte man betete. Die Figur wurde auch oft in Wasser getaucht, um den Regen in der Zeit abzuhalten, die für das Reifen des Weines von besonderer Bedeutung war. Im Rheingau gibt es heute noch den schönen Brauch der »Urbansspende«: Die Weinbauern spenden einen Teil ihrer Erträge an die Altenheime.

Der andere beliebte Weinheilige ist der heilige Martin. Martin gilt auch als Patron der Reiter und Soldaten, der Hirten und Gastwirte, aber eben auch der Weinbauern. Die Legende berichtet nicht nur von der berühmten Szene, in der der junge Soldat Martin seinen Mantel teilt und ihn einem frierenden Bettler gibt. Es gibt auch die Legende, dass Martin Wasser in Wein verwandelt hat. Und eine andere Geschichte erzählt, »dass Martin bei einem Mahl den ihm vom Gastgeber gereichten Pokal mit Wein nicht dem Kaiser zurückgegeben habe, sondern zuerst dem ihn begleitenden Priester« (Graff 55).

Aus diesen Legenden heraus und natürlich vom Datum her gab es im Mittelalter den Brauch der Martinsminne oder des Martinitrinkens. »Dabei wurde am Martinstag erstmals vom neuen Wein getrunken zu des Heiligen Ehr und Lob« (Graff 56). Die Mönche verteilten an diesem Tag den Martinswein. Damit übersetzten sie das Teilen des Mantels durch den heiligen Martin in eine andere Weise des Teilens. Miteinander Wein zu trinken heißt: die Liebe miteinander teilen. Das meint das Wort »Minne«. Es war im Mittelalter das Wort für Liebe. Eigentlich heißt Minne: Andenken, Gedächtnis, liebevolles Gedenken. Indem man

liebevoll des heiligen Martin gedachte, teilte man auch die Liebe, die er im Teilen des Mantels dem Bettler erwiesen hat.

Das Martinitrinken wurde oft mit einem Festschmaus verbunden. Dabei aß man mit Vorliebe die Martinsgans. Dieser Brauch geht auf die Legende zurück, dass sich Martin vor denen, die ihn zum Bischof machen wollten, in einem Gänsestall versteckt hatte. Doch die Gänse verrieten ihn mit ihrem Geschnatter, sodass Martin doch gefunden und schließlich zum Bischof geweiht wurde. Daher mussten die Gänse an diesem Tag sozusagen ihren Hals hinhalten.

Nach Martini begann das Adventsfasten.

Daher aß man an diesem Tag nochmals festlich und trank den Wein des neuen Jahres. In Wien dürfen die Winzer ab dem 11. November, dem Fest des heiligen Martin, den Heurigen ausschenken. Das Minnetrinken geht auf einen heidnischen Brauch zurück. Man pflegte schon früh das »Zutrinken, mit dem die Heiden ihre Götter und Helden ehrten« (Woschek 135). Das Zutrinken wurde von den Christen nicht nur auf die Heiligen übertragen, sondern bekam hier zudem eine neue Bedeutung. Man stieß mit dem Becher des andern an, um ihm das zu wünschen, was die Heiligen repräsentierten: Gesundheit, Heil, Frieden, Freude. Im Deutschen hat sich dazu seit dem sechzehnten Jahrhundert das Wort »Prosit« oder »Prost« eingebürgert. Es bedeutet so viel wie: »Es möge wohl bekommen. Es möge nützen oder zuträglich sein.« Das ist sozusagen die »weltliche Fassung« des ursprünglichen Zutrinkens, bei dem man sich das wünschte, was die vielen Legenden um die Heiligen als Gelingen des Lebens beschrieben haben. Der Martinstag war auch ein wichtiger Tag für die Mägde und Knechte. Ihnen wurde, ebenso wie den Hirten, an diesem Tag ihr Lohn ausbezahlt. Auch die Winzer mussten zu diesem Termin einen bestimmten Anteil ihrer Weinernte an die Grundbesitzer abgeben.

AN GOTTES SEGEN IST ALLES GELEGEN

Im Mittelalter gab es so viele Weinheilige, an deren Festen man sich zu Ehren des Heiligen zutrank, dass sich die Bischöfe genötigt sahen, »die Schar der Heiligen, zu deren Ehren man den Weinkelch hob, erheblich einzuschränken« (Woschek 135). So wurde in den meisten Gegenden nur noch eine Martins-, Michaelis-, und Nikolausminne gepflegt, dazu noch das Segnen des Weins am Fest Johannes des Evangelisten. Mit den Weinheiligen verbunden waren bestimmte Bräuche. Den geweihten Johanneswein gab man zum Beispiel einem jungen Ehepaar bei der Hochzeit, damit dem Paar nichts Böses widerfahre. In der Schweiz gab man in das Badewasser eines Neugeborenen »etwas Wein in der Annahme, dass das Kind dann von Krankheiten verschont bleiben und kräftig werden würde« (Götz 37). Das frisch getraute Ehepaar trank gemeinsam Wein aus einem Glas, »um sich so eines glücklichen Lebens zu zweit zu versichern« (Ebd. 37). Man brachte den Wein auch mit Fruchtbarkeit in Zusammenhang: »In Hessen musste die junge Braut am Hochzeitstag eine Weinsuppe zu sich nehmen, da ihr sonst Kinderlosigkeit drohte« (Ebd. 38). In Niederbayern besprengte man am Stephanstag »die Felder mit Wein, der vorher geweiht worden war« (Ebd. 38), damit man eine gute Ernte erzielen konnte.

Die Weinernte wurde in allen Ländern immer mit Weinfesten und Herbstumzügen gefeiert. Es waren meist ausgelassene Feiern, bei denen man den Wein genoss. Es gab jedoch auch frommere Bräuche: Man veranstaltete Flurprozessionen, um den Segen auf den Weinberg herabzuflehen, und stellte Bildstöcke im Weinberg auf, um zu bekennen, dass man himmlischen Beistand brauchte, damit die Trauben reifen konnten und vor Frost und Unwetter geschützt waren.

Ein alter Brauch war die Weihe der ersten Trauben am 6. August. Die frühen Christen haben damit den Brauch der Römer übernommen, die am 19. August das Fest des Beginnes der Weinernte, die »Vinalia Rustica«, feierten. Die Christen wollten sich von diesem Termin bewusst absetzen, indem sie die ersten Trauben am Fest des Papstes Sixtus II. weihten. Später wurde an diesem Tag das Fest der Verklärung Jesu gefeiert, was ein Sinnbild für die Verwandlung des Gemütes, die der Wein bewirkt, darstellte. Man legte bei dieser Gelegenheit frisch geerntete Trauben auf den Altar. Während der Eucharistiefeier wurden sie dann gesegnet und am Schluss der Messe an die Gläubigen verteilt.

Heute gibt es Bestrebungen, diesen Brauch wieder aufzunehmen, allerdings zu einem Datum, das besser zum Weinbau passt, also etwa am Fest des heiligen Michael, der lange als Weinpatron galt. In Franken haben zahlreiche Weinbruderschaften diesen Brauch tatsächlich wiederbelebt. Otto Meyer, ein Historiker, zitiert dazu die alte Weiheoration, die auch heute noch an diesem Tag verwendet werden könnte: »Segne, Herr, auch diese neuen Trauben, die Du, Herr, mit himmlischem Tau, mit Regen und in mildem und ruhigem Wetter zur Reife zu bringen Dich gewürdigt hast und sie uns gabst zu unserem dankerfüllten Gebrauch im Namen unseres Herrn Jesus Christus« (Meyer 92).

Bis vor einigen Jahren markierte das Michaelsfest am 29. September das Ende der Sommerzeit. In alter Zeit ließ man zu diesem Datum den ersten neuen Wein in der Kirche segnen und reichte ihn dann als Minnetrunk daheim zu Ehren des heiligen Erzengels (Vgl. Graff 50).

Meiner Ansicht nach wäre das ein guter Tag, auch heute die ersten Weintrauben zu segnen, um so für eine gute Weinernte zu bitten und das Gespür dafür zu stärken, dass ein guter Wein nicht nur dem menschlichen Arbeiten und Wissen zu verdanken ist, sondern letztlich dem Segen Gottes: »An Gottes Segen ist alles gelegen«, wie man in der Landwirtschaft schon immer wusste.

DIE HEUTIGE BEDEUTUNG DES CHRISTLICHEN SYMBOLS WEIN

Beide, Wahrheit und Wein, unterbrechen die Wirklichkeit.

Wein, wenn er denn getrunken wird, unterbricht den Zusammenhang des alltäglichen Lebens, um dieses in eine ihm sonst nicht erschwingliche Höhe zu steigern.

Eberhard Jüngel

WEIN UND LIEBE

Der jüdische Religionsphilosoph Walter Schubart hat in seinem Buch »Religion und Eros« die Verbindung zwischen Eros und Mystik beschrieben. Beide, Eros und Mystik, zielen auf die Ekstase der Liebe, in der der Mensch sich selbst vergisst und eins wird mit dem Partner oder mit Gott. In der Ekstase geht es letztlich immer um Verschmelzung. Um dorthin zu gelangen, nimmt der Mensch gerne Hilfe in Anspruch. Eine solche Hilfe ist der Wein. Die ekstatische Wirkung des Weines beschreibt Schubart so: »Der Rausch, auch der vom Wein erregte, hat eine das Ich zersprengende Kraft. Er vereinigt und weitet, während die Nüchternheit trennt und verengt. Das Merkmal

des mystischen Zustandes – in Religion und Erotik – ist immer eine Art Trunkenheit, ein Vergehen der Sinne, eine Auflösung des Bewusstseins ins Unwißbare. Weil der Wein in diese Zustände zu treiben vermag, lieben ihn die Liebenden und die Frommen als echtes Gottesgeschenk« (Schubart 138f.).

Der Wein ist nicht nur in der Eucharistie ein Bild für die Liebe Jesu Christi. Er wird vor allem auch von Menschen getrunken, die sich lieben. Der Wein löst nicht nur die Zungen, sondern öffnet auch die Herzen füreinander. Wenn zwei Liebende miteinander Wein trinken, dann sagen sie sich zärtliche Worte, die

ihnen sonst manchmal nicht so leicht über die Lippen kommen. Doch die Öffnung für die Liebe ist für Schubart immer auch Öffnung für die mystische Verschmelzung mit Gott. Er meint: »Der Wein räumt die Hindernisse hinweg, die das individuelle Bewusstsein der Entselbstung entgegensetzt. Deshalb steht er bei persischen Mystikern als befeuerndes Mittel der Frömmigkeit neben Tanz und Gesang in hohen Ehren« (Ebd. 139). Der Weintrinkende kann sich selbst leichter loslassen. Er hält nicht krampfhaft an seiner äußeren Fassade fest. Er öffnet sein Herz für die Menschen, mit denen er Wein trinkt, aber auch für Gott, dem seine letzte Sehnsucht gilt.

Die Kunst hat gerne liebende Menschen beim Weintrinken dargestellt: »Wein, Weib und Gesang«, lautete das Motto vieler Bilder, aber auch ein Schlagwort, das viele mit dem Wein verbunden haben.

Manchmal waren die Bilder der Künstler recht derb. Doch Liebende machen die Erfahrung, dass sie den Wein gerne miteinander trinken, um ihre Liebe zu vertiefen. Das Gefühl der Liebe verzaubert die Herzen. Der Wein verstärkt diese

Verzauberung. Er erfüllt die Herzen mit einem wohligen Gefühl, mit dem gleichen Gefühl, das auch die Liebe in uns erzeugt und hinterlässt. Es ist ein Gefühl des Getragenseins, des Erhobenseins in eine andere Dimension.

Jesus selbst hat den Wein zum Bild für seine Liebe gemacht, die in uns einströmt und unsern Leib und unsere Seele durchdringt, so wie der Wein beim Trinken den ganzen Menschen mit einem Gefühl der Liebe erfüllt.

Das Hohelied, dieses alttestamentliche Buch, das die Liebe zwischen Mann und Frau verherrlicht, hat den Wein und den Weinberg als Bilder genommen, um das Geheimnis der Liebe zu beschreiben. Für uns heute könnte das bedeuten: Ich kann zwar auch allein den Wein genießen, aber eigentlich gehören immer mindestens zwei Menschen dazu, um miteinander Wein zu trinken und so eine tiefere Form von Gemeinschaft zu erfahren. Dabei wird das Trinken des Weines nicht zu einem egozentrischen Kreisen um sich selbst, damit ich mich berauschen kann. Vielmehr wird das Weintrinken zum Bild unserer Hingabe. Wir trinken gemeinsam die Gabe Gottes, wir trinken gemeinsam die menschgewordene Liebe Gottes, die im Wein erfahrbar und geschmeckt wird. So können wir nur miteinander Wein trinken, indem wir unsere Herzen füreinander und gemeinsam für Gott öffnen, dem wir den Wein verdanken.

Das eucharistische Mahl, in dem Jesus sich im Wein für uns hingibt, wird so zum Symbol für das gemeinsame Weintrinken: Wir nehmen uns Zeit füreinander. Wir setzen uns gemeinsam an einen Tisch. Wir trinken Wein und sprechen miteinander. Wir teilen nicht nur den Wein, sondern auch unser Leben, Freud und Leid, Höhen und Tiefen, Erfolge und Misserfolge. Der Wein öffnet unsere Herzen füreinander, sodass wir voller Mitgefühl dem anderen zuhören. Der Wein zeigt uns jedoch auch, dass wir gemeinsam dunkle Zeiten durchstehen können, dass das Keltern und Gekeltertwerden genauso zu unserem Leben gehört und dass letztlich aus allen Keltern unseres Lebens doch süßer Wein herausströmt. Der Wein zeigt die Verwandlung unseres Leids an und wird so zum Bild der Hingabe. Indem wir uns immer wieder zutrinken, erinnern wir uns, dass die Hingabe Jesu alles Leid unseres Lebens verwandelt. So vollzieht sich beim Weintrinken das, was in der Eucharistie in der höchsten Form geschieht: die Verwandlung unseres Lebens durch Liebe, Hingabe und Vertrauen in Gottes Menschenfreundlichkeit und Güte.

WEIN UND WAHRHEIT

Schon Plinius der Ältere hat das berühmte Wort geprägt: »In vino veritas«, »Im Wein ist Wahrheit« oder »Im Wein liegt die Wahrheit«. Man kann dieses Wort verschieden deuten. Zum einen kann man sagen, dass der Wein die Wahrheit eines Menschen zum Vorschein bringt. Der Wein lockert die Zunge. Man sagt dann eher, was man denkt, ohne es zu kontrollieren. Aber auch andere Gefühle kommen beim Weintrinken nach oben: Wenn wir uns nicht mehr bemühen, alles, was unser Image nach außen infrage stellt, zu unterdrücken, dann entdecken die Menschen, was in unserem Herzen ist. Sie schauen uns direkt ins Herz.

Der evangelische Theologe Eberhard Jüngel deutet den Zusammenhang zwischen Wein und Wahrheit auf andere Weise. Er meint: »Beide, Wahrheit und Wein, unterbrechen die Wirklichkeit. Wein, wenn er denn getrunken wird, unterbricht den Zusammenhang des alltäglichen Lebens, um dieses in eine ihm sonst nicht erschwingliche Höhe zu steigern« (Jüngel 1360). Mit »Unterbrechung der Wirklichkeit« meint Jüngel, dass die oberflächlich wahrgenommene Wirklichkeit sich durch die Wahrheit erhellt. Alles erscheint uns in einem anderen Licht. Und das geschieht auch beim Weintrinken: Wir erleben die Wirklichkeit anders. Wir schauen sie mit neuen Augen an.

Doch Jüngel erinnert auch daran, dass der Wein das Verborgene ans Licht bringt: »Was bisher erfolgreich verborgen wurde, der Wein bringt es an den Tag. Wie der Narr einst bei Hofe auszusprechen wagte und vermochte, was eigentlich tabu war, so bricht aus dem vom Wein Enthemmten unversehens die Wahrheit hervor. Der Wein bahnt der Wahrheit den Weg« (Ebd. 1360f.). Für Jüngel sind Wein und Wahrheit ein Zwillingspaar: »Der Wein enthemmt, die Wahrheit macht frei« (Ebd. 1361). Der Wein enthüllt aber noch auf andere Weise unsere Wahrheit. Er bringt ans Licht, ob wir gut mit uns selbst umgehen, ob wir innerlich frei sind und achtsam mit uns und dem Wein umgehen oder aber ob wir ihn ohne Maß in uns hineinschütten. Dann bringt der Wein all das Unterdrückte und Nichtintegrierte in uns zum Vorschein. Dann deckt er auf, was hinter unserer angepassten Fassade verborgen ist. Der Wein zeigt uns, ob wir wirklich in Freiheit und Achtsamkeit leben oder ob wir von unterdrückten Bedürfnissen beherrscht werden, die bei übermäßigem Weingenuss ans Licht kommen. Beim Weintrinken erkennt man, ob ein Mensch ein Genießer ist oder ob er voller Gier den Wein in sich hineinschüttet, um die innere Leere zu überdecken.

Noch in einem anderen Sinn steckt im Wein Wahrheit.

Das griechische Wort für Wahrheit heißt »aletheia«. Das meint eigentlich, dass der Schleier, der über aller Wirklichkeit liegt, weggezogen wird und wir die Dinge so sehen, wie sie in Wahrheit sind. Martin Heidegger übersetzt diesen griechischen Wahrheitsbegriff mit »Lichtung des Seins«. Der heilige Augustinus verbindet die Aussagen des Johannesevangeliums mit dem Wahrheitsverständnis der griechischen Philosophie. Johannes sieht Jesus als das »Licht der Welt«, das heißt auch: In seinem Licht erkennen wir die wahre Wirklichkeit der Welt. Johannes bringt zudem den Begriff von Liebe und Wahrheit zusammen. Er sagt von Jesus: »Das Wort ist Fleisch geworden und hat unter uns gewohnt, und wir haben seine Herrlichkeit gesehen, die Herrlichkeit des einziges Sohnes vom Vater, voll Gnade und Wahrheit« (Johannes 1,14). Die Herrlichkeit ist der Lichtglanz Gottes, und das ist für Johannes letztlich die Liebe. Diese Liebe kommt am Kreuz zur Vollendung. Dort leuchtet die Herrlichkeit Gottes am reinsten auf. Und diese Herrlichkeit enthüllt uns die Wahrheit. Die Wahrheit zeigt uns, dass die ganze Welt vom Licht und von der Liebe Gottes erfüllt ist, weil diese Liebe sich in Jesus Christus »eingefleischt« hat in unsere Welt, sichtbar geworden ist. Indem wir Wein trinken, haben wir also teil an dieser Wahrheit, die voller Liebe ist. Wir sehen die Welt mit anderen Augen, mit den Augen der Liebe, die tiefer sehen, die im menschlichen Antlitz die Liebe und alles Liebenswerte entdecken, die aber diese Liebe auch in der Natur erkennen. Teilhard de Chardin nennt dieses Durchdrungensein der Natur von der Liebe Christi »Amorisation«. Alles ist von Liebe durchdrungen. Das ist die Wahrheit, die uns der Wein aufdeckt.

LICHT DER WELT

WEIN UND GEMEINSCHAFT

Wein trinkt man normalerweise nicht allein, sondern in Gesellschaft. Allein Wein zu trinken ist gefährlich. Ich brauche dann Achtsamkeit, um den Wein zu genießen. Wenn ich fähig bin zu genießen, dann werde ich auch nicht mehr als ein Glas trinken. Und ich werde langsam trinken, den Wein kosten und schmecken. Wenn ich den Wein jedoch aus Gewohnheit trinke, dann laufe ich Gefahr, dass ich mit dem Wein meine schlechte Laune unterdrücke. Auf diese Weise verliere ich das Maß.

Wenn ich jedoch gemeinsam mit anderen Wein trinke, dann stiftet der Wein Gemeinschaft. Er fördert das Gespräch. Er lockert die Zungen. Er schafft eine angenehme Atmosphäre. Man prostet sich gegenseitig zu, man berührt mit dem eigenen Glas das Glas des andern, schaut ihm dabei in die Augen. Auf diese Weise entsteht Gemeinschaft. Man freut sich gemeinsam an dem köstlichen Wein. Auf diese Weise in Gemeinschaft Wein zu trinken ist eine hohe Form menschlicher Kultur. Der Wein erzeugt eine fröhliche und angenehme Stimmung. Sie kann natürlich auch umschlagen in Trunkenheit. Das Betrunkensein zeugt jedoch immer von Maßlosigkeit.

»Beim Weingelage nörgle nicht am Nachbarn herum, verspotte ihn nicht, wenn er heiter ist. Sag zu ihm kein schmähendes Wort, und streite mit ihm nicht vor den Leuten!« (Jesus Sirach 31,31). Diese Tischregel, die der jüdische Weisheitslehrer Jesus Sirach gibt, zeigt, dass das Weintrinken einen bestimmten Umgang miteinander verlangt. Kritik am andern ziemt sich dabei nicht. Vor allem aber darf es nie zum Streit kommen. Das wäre gegen das Wesen des Weins, denn er will uns vor Gott miteinander verbinden, der uns dieses Geschenk anvertraut hat, gerade um das Miteinander zu genießen, nicht um es durch Streit zu verderben.

Die Gemeinschaft, die das Weintrinken erzeugen kann, entspricht einer tiefen Sehnsucht der Menschen, die gerade heute viele Menschen verspüren. Sie sehnen sich danach, zu einer Gemeinschaft zu gehören. Zugehörigkeit heißt aber auch, dass ich gut hinhören kann auf die anderen. Das gepflegte Weintrinken schafft so eine Gemeinschaft, in der man aufeinander hört und zu der auch Fremde dazukommen können. Wenn in einer Gartenwirtschaft in den fränkischen Dörfern Menschen miteinander Wein trinken, dann laden sie oft andere ein, die gerade auf dem Weg sind oder nur kurz vorbeischauen. Und schon entsteht Gemeinschaft, schon fühlen sich die Menschen zugehörig und hören aufeinander.

Der französische Dominikaner Maurice Lelong erzählt eine Geschichte, die zeigt, wie sehr das Sprechen über den Wein und das Auskosten dieses Getränks zum Weintrinken gehörten. Ein Gast Balzacs wollte das Glas Wein sofort an die Lippen führen, als ob es sich um irgendein Getränk handele, mit dem man den Durst stillt. »Balzac gebot ihm mit einer Geste Einhalt: – Diesen Wein liebkost man mit den Augen, mein Freund. – Und was weiter? – Weiter atmet man seinen Duft ein. – Und dann? – Stellt man ihn andächtig wieder auf den Tisch, ohne ihn anzurühren. – Und dann? – Dann spricht man über ihn.« Jeder Kommentar erhöht den Wert einer Flasche Wein, so meint Lelong. »Und er unterscheidet die gedankenlosen Weintrinker von denjenigen, die wissen, womit ihr Glas gefüllt ist« (Lelong 40f.).

Früher setzte sich in Weinbaugegenden die Familie am Abend zusammen, um miteinander Wein zu trinken und den Tag auf diese Weise abzuschließen. Es wurde für sie wirklich zu einem Feier-Abend. Der Feierabend war ursprünglich der Abend vor einem Fest. Erst später wurde er sozusagen zur Feier des vergangenen Tages. Beides hat seinen Sinn. Wir setzen uns am Abend zusammen, um das zu feiern, was Gott uns heute geschenkt hat. Das Ritual des Weintrinkens drückt aus, was die stoische Philosophie über das menschliche Leben gesagt hat: Unser Leben ist ein Fest. Der heilige Athanasius hat das christlich gedeutet und meint, unser Leben sei ein beständiges Fest der Auferstehung. Wir feiern, dass Christus uns befreit hat aus dem mühseligen Gefangensein in den Alltagsvollzügen. Das Feiern am Abend ist eine Unterbrechung des Alltags, damit das Leben, das in der Auferstehung alle Fesseln zersprengt hat, in unseren Alltag einbricht.

Beim Weintrinken lässt man den Tag nochmals Revue passieren, man schaut ihn im Licht Gottes nochmals an, um ihn dann loszulassen, in Gottes Hände zurückzugeben. Der Feierabend, an dem wir gemeinsam Wein trinken, weist aber auch schon auf den kommenden Tag hin, der ein Fest sein wird, weil Gott ihn mit uns leben wird. So wird der Feierabend zu einer spirituellen Stunde, in der man die Arbeit loslässt und sich dem überlässt, was einen trägt. Und das ist letztlich Gott, an dessen Segen uns der Wein erinnert. Gottes Segen begleitet uns durchs Leben. Er hat uns am heutigen Tag begleitet und er wird es morgen von Neuem tun.

WEIN UND DANKBARKEIT

Viele Menschen, die sich abends allein oder zu zweit ein Glas Wein gönnen, verstehen diesen Wein als eine Art »Dankeschön« an den Tag. Sie genießen den Wein miteinander, um den Tag zu feiern, um Gott für alles zu danken, was heute war. Und wenn es nicht genügend gute Ereignisse gab, für die man dankbar sein könnte, dann entsteht zumindest beim Weintrinken das Gefühl von Dankbarkeit. Im Wein erfährt man Gottes gute Gabe. Bei allem, was heute schwierig war, gibt es doch die Möglichkeit, am Abend gemeinsam das Glas Wein zu genießen und darin Gottes Güte zu erfahren. Der Wein zeigt, dass Gottes Güte uns nicht verlässt, selbst dann nicht, wenn manche Erlebnisse uns tagsüber aufgewühlt und Zweifel an Gottes Gnade hervorgerufen haben. Der Tag wird abgeschlossen mit dem Blick des Dankes für all das, was Gott uns geschenkt hat. Das gemeinsame Glas Wein am Abend lässt uns inne-

halten, um uns bewusst zu werden, dass Gott es gut mit uns meint, was auch immer geschieht. Jeder Tag hat seine Plage. Jeder Tag hat aber auch seine Freude. Der Wein am Abend darf nicht missbraucht werden, um unsere Sorgen zuzuschütten. Dann würde er maßlos getrunken. Wenn wir uns zum Weintrinken zusammensetzen, brauchen wir die Offenheit, auch für das Gute danken zu wollen. Der Wein ist eine gute Gabe, die man nur dann richtig empfängt, wenn man sie genießt.

ER HAT UNS AM HEUTIGEN TAG BEGLEITET

WEIN UND FREUDE

Das Alte Testament betont immer wieder, dass der Wein das Herz des Menschen erfreut (Psalm 104,15). Ein guter Schluck Wein stimmt uns froh. Allerdings ist es gefährlich, den Wein im Zorn zu trinken. Davor hat schon Jesus Sirach gewarnt (Jesus Sirach 31,29), denn dann würde ich ihn nur benutzen, um meinen Zorn anzustacheln. Oder aber ich trinke maßlos und bekomme dann Kopfweh davon. Ich steigere mich in meinen Ärger hinein und will ihn dann durch übermäßiges Trinken betäuben. Zum Weintrinken gehört, dass ich mich bewusst in eine gute Stimmung versetze, dass ich mich auf den Wein freue. Wer sich nicht auf den Wein freut, sondern ihn im Ärger trinkt, der missbraucht die gute Gabe Gottes.

Doch wie kann der Wein Freude hervorrufen? Er bringt uns in eine gute Stimmung, einerseits durch seinen Alkoholgehalt, zum andern durch seinen guten Geschmack. Die Psychotherapeutin Verena Kast spricht von der Freude als »gehobener Emotion«. Das Wort Emotion kommt vom Lateinischen *movere*, bewegen. Emotionen setzen uns in Bewegung, sie bewegen uns zum Handeln oder aber auch zur Verweigerung des Tuns, das von uns gefordert ist. Die gehobenen Emotionen der Freude, der Inspiration und der Hoffnung machen uns weit. Sie »beschwingen uns, regen uns an, sie geben uns eine gewisse Leichtigkeit, aber sie schaffen auch Verbundenheit unter den Menschen« (Kast 6). Die Freude hat also auch eine therapeutische Funktion. Sie macht den Menschen innerlich gesund, sie schenkt ihm eine große Lebendigkeit und Lust am Leben. Und sie führt ihn aus der Vereinzelung heraus, in die ihn die Angst gedrängt hat, hin zur Solidarität mit den Menschen in seiner Nähe. Kast weiß aus ihrer Erfahrung als Therapeutin, dass die Erfahrung der Freude »den entscheidenden Umschlag im Leben eines Menschen bewirken« (Kast 7) kann.

Freude hat auch eine enge Beziehung zur Liebe. Wenn ich einem anderen etwas geben kann, freut das nicht nur ihn, sondern auch mich selbst. Was Verena Kast von der Freude schreibt, hängt eng mit dem Wein zusammen. Er hebt unsere Emotionen. Er schafft innere Weite und bringt uns mit der Freude in Berührung, die schon in uns ist. Wir können niemandem befehlen, sich zu freuen. Doch in jedem Menschen ist eine Quelle von Freude. Diese Quelle ist aber oft genug verschüttet durch die Sorgen, die wir mit uns herumtragen, oder durch die Enttäuschungen und den Ärger über andere Menschen. Im langsamen und bewussten Weintrinken komme ich in Berührung mit dieser Quelle der Freude in mir. Der Wein hebt meine Stimmung, aber eben nur, wenn ich dazu bereit bin, wenn ich den Wein wirklich als Geschenk genieße. Im Genießen habe ich Freude am Geschmack. Ich lasse den Wein langsam über die Zunge rollen und schmecke ihn. Dann lasse ich den Schluck langsam in den Gaumen fließen. Und ich spüre nach, welchen Nachgeschmack der Wein hinterlässt.

Es ist aber nicht nur die Freude am Geschmack. Vielmehr werde ich mir beim Schmecken des Weines bewusst, dass dieser Wein durch vieler Hände Arbeit entstanden ist, dass die Sonne ihn reifen ließ, dass Gott seinen Segen über den Wein ausgebreitet hat. So koste ich nicht nur den Geschmack, sondern auch die Liebe der Menschen, die in den Wein eingeflossen ist. Ich lebe von dem, was andere für mich bereitet haben. Und gerade im Wein kann ich spüren, dass die Menschen in ihre Arbeit Liebe hineinlegen und dass ich bei allen Früchten, die ich genießen darf, immer auch die Liebe der Menschen erfahre. So fühle ich mich beim Weintrinken verbunden mit all den Menschen, die ihn mit ihrer Liebe, aber auch mit viel Mühe geschaffen haben.

WEIN UND GESUNDHEIT

Die Deutsche Weinakademie hat es sich zur Aufgabe gemacht, wissenschaftliche Erkenntnisse zum Thema Wein und Gesundheit zu sammeln und aufzubereiten. Internationale wissenschaftliche Studien haben bewiesen, dass die Herzinfarktsterblichkeit von untersuchten Bevölkerungsgruppen bei mäßigem Weinkonsum niedriger liegt als bei abstinenten Vergleichsgruppen. In den Mittelmeerländern – allen voran Frankreich – findet man die niedrigsten Herzinfarktraten der westlichen Welt. Das hat seinen Grund vor allem neben dem Lebensstil und dem größeren Obst- und Gemüseverzehr auch im Weinkonsum. Herzschützend sind nach neueren Erkenntnissen vor allem die weinspezifischen Polyphenole, die sich positiv auf die Blutfette auswirken und das Blut in seiner Gerinnung und Fließeigenschaft verbessern.

Dabei haben die Wissenschaftler herausgefunden, dass der moderate Weingenuss mit dem Essen verbunden sein soll, wie es in den Mittelmeerländern der Fall ist. Ein oder zwei Gläser Wein erhöhen den Genusswert des Essens. Aber unabhängig vom Genusserlebnis gibt es auch gute biochemische und ernährungsphysiologische Gründe, die dafür sprechen, zum Essen Wein zu trinken. So wird nicht nur der Appetit angeregt, sondern die gesamte Verdauung vom Mund bis zum Darm positiv beeinflusst. Und der Wein erhöht durch seine Mineralien, Vitamine und Spurenelemente den Nährwert des Essens. Dabei ist es sinnvoll, den Wein zu ausgewogener und abwechslungsreicher Kost zu genießen.

Die Frage ist, was moderater Weinkonsum ist. Die Dosis, bei der Vorteile, aber keine gesundheitlichen Nachteile zu erwarten sind, liegt bei 20 Gramm Alkohol für die Frau und etwa 30 Gramm Alkohol für den Mann. Das entspricht etwa 0,2 bis 0,3 bzw. 0,4 Liter Wein pro Tag. Dabei ist es sinnvoll, diese Dosis zum Essen – am besten zum Abendessen – zu trinken. Doch gibt es auch Situationen, in denen man auf den Weingenuss verzichten soll, einmal in der Schwangerschaft, dann bei Krankheit und zum anderen etwa in der Fastenzeit, in der man sich bewusst auch in die innere Freiheit gegenüber dem Wein einübt, um ihn dann an Ostern umso mehr genießen zu können. Wer nicht verzichten kann, der kann auch nicht wirklich genießen.

Eine Studie über den Weingenuss plädiert dafür, dass der Rotwein gerade für alte Menschen besonders gesundheitsfördernd sei. Der Autor zitiert das bekannte Wort von Wilhelm Busch: »Rotwein ist für alte Knaben eine von den besten Gaben.« Bei alten Menschen fördert der Rotwein die Durchblutung und den gesamten Stoffwechsel. Die Studie fasst die heilsame Wirkung des Rotweins für alte Menschen folgendermaßen zusammen: »Wein kann also nicht nur das Fortschreiten des körperlichen Alterungsprozesses verzögern und das Alter erträglicher gestalten, sondern auch günstig auf Geist und Seele wirken, indem er unlustbetonte Gemütsbewegungen dämpft und eine zufriedene Lebenslage wiederherstellt« (Kliewe 121). Es ist ein besonderes Merkmal des Weines, dass er so segens-reiche Wirkungen auf alle Lebensvorgänge des Menschen entfaltet. Dafür dürfen wir dankbar sein. Bei all den positiven Wirkungen des Weines ist es jedoch wichtig, immer auch die Gefahr der Sucht im Auge zu haben. Die Erfahrung zeigt, dass weder ein Verkaufsverbot von Wein noch Abstinenzler-Verbände den Weingenuss verhindern können. Es gilt, ein gesundes Maß im Umgang mit dem Wein zu lernen.

Schon die griechischen Philosophen und Dichter wettern gegen übertriebenen Weingenuss. Horaz schreibt: »Der unmäßige Genuss von Wein erniedrigt in den Staub die Intelligenz göttlichen Ursprungs« (zitiert nach Kliewe 115). Zu Beginn der Neuzeit haben vor allem Erasmus von Rotterdam und Martin Luther gegen den Missbrauch des Weines ihre Stimme erhoben, allerdings mit nur mäßigem Erfolg. Die Abstinenzler begründen ihren Aufruf, auf Wein ganz und gar zu verzichten, damit, dass der regelmäßige Weingenuss die Lebenszeit verkürze. Kliewe zitiert jedoch französische und amerikanische Erhebungen, die eindeutig zeigen, »dass die gemäßigten Weintrinker in allen Lebensaltern durchschnittlich eine längere Lebensdauer als Abstinenzler und eine deutlich längere als Säufer zu erwarten haben« (Kliewe 117). Der Historiker Otto Meyer (Meyer 55 f.) erinnert in einem Aufsatz an die Devise eines mittelalterlichen Dichters: »Vitis janua vitae – Die Rebe ist die Pforte zum Leben.« Und er zitiert die Verse des persischen Dichters Dschewheri aus dem 12. Jahrhundert:

Seht, die Sonne bringet Wein,
purpurfarben,
rosenduft'gen. Schlaf, Arznei
und Wangenschimmer,
Schmerzensmittel,
Seelennahrung,
Gramvertreiber, Freudengeber,
Körperstärke, Herzenskraft.
Seine Kraft beseelt den Himmel,
und sein Wesen
stärkt die Zeiten.
Schwachen Körpern
gibt er Kräfte
und erfreuet trübe Herzen.
Wer vom Himmel Schaden litt,
findet in dem Trunk Gewinn.

Schon im Mittelalter haben die Ärzte die gesundheitsfördernde Wirkung des Weines gepriesen. Meyer beruft sich dabei vor allem auf Arnaldus de Villa Nova, einem der besten Ärzte seiner Zeit (1240-1311) Er weiß natürlich auch um die schädliche Wirkung übertriebenen Weingenusses. Aber in Maßen gebraucht, »schenke er einem traurigen und furchterfüllten Menschen Freude, er mache lebendig, rege die natürliche Wärme des Menschen an, hebe also den Blutdruck, sorge für die Verdauung, wirke – wir sagen modern: entschlackend, kräftige das Gehirn, schärfe die Sinne und das vernünftige Denken und gebe schöne Gesichtsfarbe« (Meyer 64).

WEIN UND SPIRITUALITÄT

Für uns Christen hat der Wein seine zentrale Bedeutung

dadurch erhalten, dass Jesus selbst sich mit dem Wein identifiziert hat, dass er sich uns im Wein schenkt und dass er seine eigene Lehre als »neuen Wein« bezeichnet hat. Wenn wir als Christen heute Wein trinken, dann kann es nicht einfach nur um das Löschen unseres Durstes gehen. Vielmehr hat das Weintrinken für uns eine neue Dimension erhalten. Indem wir Wein trinken, erinnern wir uns an die Liebe Jesu Christi, mit der er uns am Kreuz bis zur Vollendung geliebt hat. Diese Liebe hat die Tradition als Opfer beschrieben. Der Begriff des Opfers ist heute für viele schwer zu verstehen. Der Wein jedoch kann uns das Eigentliche erklären, was die Bibel mit Opfer meint.

Der Wein entsteht aus dem Keltern der Trauben. So zeigt sich unsere Liebe oft dort am stärksten, wo wir uns in die »Kelter des Lebens« hineinbegeben. Wer nur Zuschauer bleibt, von dem geht keine Liebe aus. Liebe heißt, hineingehen in das Leid eines Menschen. Und Liebe heißt Hingabe. Das ist das eigentliche Geheimnis des Opfers: Jesus hat sich am Kreuz für uns hingegeben. Er hat sich nicht zurückgehalten. Er hat sein Leben hingegeben, so wie die Traube ihren Saft für uns gibt, wenn sie gekeltert wird.

Johannes deutet diese Liebe Jesu als Freundesliebe: »Es gibt keine größere Liebe, als wenn einer sein Leben für seine Freunde hingibt« (Johannes 15,13). Indem wir miteinander Wein trinken, erahnen wir etwas von dieser Liebe, die auch von uns manchmal verlangen kann, dass wir uns hingeben für unsere Freunde, dass wir uns hingeben an den Ehepartner, für unsere Familie, für die Menschen, für die wir in der Firma oder in der Gesellschaft Verantwortung übernommen haben.

Jesus hat während seines Lebens gerade auch mit denen Wein getrunken, die außerhalb der Gesellschaft standen: mit Zöllnern und Sündern. So erinnert uns das Weintrinken immer auch daran, dass wir uns nicht nur eine schöne Stunde mit Freunden gönnen, sondern dass wir offen sein sollen für die, die am Rand leben, für die, die sich einsam fühlen, die niemanden haben, der mit ihnen anstößt und ihnen Gutes wünscht.

Das Weintrinken lädt uns ein, die Solidarität mit allen Menschen zu leben, gerade auch mit denen, für die sich niemand einsetzt. Und es lehrt uns, dass wir niemanden verurteilen dürfen, dass wir die Menschen nicht bewerten, sondern – so wie Jesus bei seinen Mahlzeiten – vorurteilsfrei mit ihnen Gemeinschaft erleben sollen.

In der Geschichte des Christentums hat die Eucharistie ein neues Licht auf das Mahl geworfen, das die Menschen in ihren Familien und in ihren Freundeskreisen hielten. Im heiligen Mahl erfahren wir, dass Christus selbst sich uns schenkt in den Gestalten von Brot und Wein. Doch was wir in der Eucharistie in seiner Höchstform feiern, feiern wir letztlich auch in jedem Mahl an unseren Tischen zu Hause. Auch da dürfen wir in den Speisen Gottes gute Gaben genießen, dürfen wir im Wein Gottes Liebe schmecken. Im Mittelalter gab es eine eigene Mystik des Schmeckens. Sie wurde vor allem von Frauen gelebt. Sie sprachen von der »Süßigkeit Gottes«, von der »dulcedo dei«. Diese Mystik des Schmeckens erlebten sie in der Eucharistie, aber auch im Mahl, das sie gemeinsam hielten, und vor allem auch im Weintrinken, in dem die Süßigkeit Gottes als berauschend und verzaubernd erfahren wird. Im Psalm heißt es dementsprechend auch: »Kostet und seht, wie süß (angenehm) der Herr ist« (Ps 34,9).

Zur Dankbarkeit gehörte immer die Gastfreundschaft. Oft lud man Fremde zum Mahl ein, um in ihnen Christus selbst aufzunehmen, so wie er es selbst gesagt hat: »Ich war hungrig, und ihr habt mir zu essen gegeben; ich war durstig, und ihr habt mir zu trinken gegeben« (Matthäus 25,35). Durstige tränken wurde zu einem der sieben Werke der Barmherzigkeit. Dabei geht es nicht nur darum, Wasser zu reichen, sondern den Durst des anderen mit Liebe zu stillen. Und wie könnte man das besser, als wenn man dem Durstigen Wein reicht?

Die Identifizierung Jesu mit dem Wein hatte aber noch eine andere Auswirkung

auf die christliche Spiritualität. Spiritualität ist nicht in erster Linie Askese, Verzicht, Abtötung. Vielmehr meint christliche Spiritualität, aus dem Geist Jesu zu leben. Und dieser Geist ist ein Geist, der Leben schenkt und der es in Fülle schenkt (Johannes 10,10).

Der Geist Jesu ist ein Geist, der unser Herz erfreut, der es in eine nüchterne Trunkenheit versetzt. Ambrosius, der Ende des dritten Jahrhunderts Bischof von Mailand war, spricht von der »sobria ebrietas«, von der »nüchternen Trunkenheit« des Geistes. Die christliche Spiritualität atmet den Geist der Freude und der Liebe, den Geist der Freiheit und den Geist der Gemeinschaft. Sie will uns Menschen zusammenführen zu einer Gemeinschaft, die dankbar die Gaben Gottes genießt, die aber auch verantwortlich mit diesen Gaben umzugehen weiß und sie mit allen Menschen teilt.

So kann uns das achtsame und bewusste Weintrinken in das Wesen christlicher Spiritualität führen. Ich muss dem Weintrinker keine frommen Reden halten. Er soll einfach das, was er tut, mit allen Sinnen tun und dabei die tiefe Symbolik seines Tuns bedenken. Dann werden ihm das Geheimnis Jesu Christi und das Wesen christlicher Spiritualität aufgehen. Das war die Weisheit der frühen Kirche, dass sie nicht nur die Worte der Bibel weiterverkündet hat, sondern dass sie auch die Weisheit, die in den Gaben der Schöpfung – und gerade im Wein – lag, aufgegriffen und mit der Botschaft Jesu Christi verbunden hat. Der eine findet von der Spiritualität Jesu her einen neuen Zugang zum Geheimnis des Weines. Und der andere erkennt im bewussten und achtsamen Weintrinken, was Spiritualität eigentlich meint: aus dem Geist Jesu Christi zu leben, der sich für uns hingegeben hat, damit auch wir uns füreinander hingeben; der uns geliebt hat, damit auch wir einander lieben.

DIE SÜSSIGKEIT GOTTES